JIM DEVLIN (HG.)

LEONARD COHEN

JIM DEVLIN (HG.)

LEONARD COHEN

IN EIGENEN WORTEN

Aus dem Amerikanischen von
Clemens Brunn

P A L M Y R A

Die Originalausgabe erschien 1998 unter dem Titel
Leonard Cohen – In his own words
bei Omnibus Press, London.
© Copyright 1998 by Omnibus Press

Für die deutschsprachige Ausgabe wurde das englische Original von Clemens Brunn erweitert und aktualisiert. Der Abdruck der ergänzten Passagen erfolgt mit freundlicher Genehmigung der im Quellenanhang aufgeführten Zeitschriften, Zeitungen und Radiosender. Die mit * gekennzeichneten Zitate wurden deutschsprachigen Quellen entnommen und – bis auf die entsprechend gekennzeichneten Stellen – nicht von Clemens Brunn übersetzt.

Jim Devlin dankt seiner Tochter Imogen für ihre Hilfe bei der abschließenden Durchsicht sowie John Etherington für seine sorgfältige und sachkundige Beratung.
Jim Devlin widmet dieses Buch in Liebe und Dankbarkeit Leonard Cohen.

Die Deutsche Bibliothek – CIP-Einheitsaufnahme
Ein Titeldatensatz für diese Publikation ist bei der Deutschen Bibliothek erhältlich

Gerne senden wir Ihnen unser Verlagsprogramm.
Anruf, Fax oder e-mail genügt.

© Copyright der deutschsprachigen Ausgabe 2002 by
PALMYRA VERLAG, Hauptstraße 64, 69117 Heidelberg
Telefon 06221/165409, Telefax 06221/167310
e-mail: palmyra-verlag@t-online.de
www.palmyra-verlag.de
Alle deutschen Rechte vorbehalten
Lektorat: Kathrin Razum
Umschlaggestaltung: Georg Stein und Birgit Schlegler
Umschlagfoto: Columbia/Sony Music
Satz: Clemens Brunn
Druck und Bindung: Druckerei Ernst Uhl, Radolfzell am Bodensee
Printed in Germany
ISBN 3-930378-41-8

Inhalt

Einleitung 7

Die frühen Jahre 9

Judentum und andere Religionen 15

Kanada und der Rest der Welt 22

Frauen, Liebe, Beziehungen 27

Cohen über sich selbst 37

Leben und Erleben 53

Zen 63

Schriftsteller 71

Die Gedichte und Romane 78

Songwriter 84

Die Lieder und Platten 95

Gitarren- und Gesangskünste 122

Auf der Bühne 126

Filme und Videos 134

Verschiedenes 137

Cohen über andere Künstler 147

Die anderen über Cohen 157

Zum Schluß 162

Quellen 164

Bildlegenden 166

Bildnachweis 167

Diskographie 168

Bibliographie 169

Einleitung

Viele Kritiker (und nicht wenige seiner Bewunderer) haben moniert, daß Leonard Cohen in einer mehr als drei Jahrzehnte umspannenden Schallplattenkarriere gerade mal zehn Studioalben herausgebracht hat. Aber, und das sollte man nicht vergessen, er hat im Laufe der Jahre auch elf Bücher veröffentlicht, sich an preisgekrönten Videos und Filmen beteiligt und fast fünfhundert Konzerte in über zwanzig Ländern von Kanada bis Australien gegeben. Ganz zu schweigen davon, daß er sich daneben ja auch noch völlig anderen Beschäftigungen wie der Meditation und der Erziehung seiner Kinder gewidmet hat.

Und dennoch: Als im August 1996 die Schlagzeile von der »Ordination des vormals als Leonard Cohen bekannten Künstlers« zu lesen war, die sich auf seine Erhebung in den Stand eines buddhistischen Mönchs sowie auf seinen neuen Namen »Jikan«, »der Stille«, bezog (wie dieses Buch zeigt, ein ungemein ironischer Name!), da dürften nicht wenige diesen Schritt so verstanden haben, als habe Leonard Cohen die Tür des »Tower Of Song« [des Turms der Lieder] nun für immer zugeschlagen. Und zwar von innen.

Wie sich gezeigt hat, bestanden diese Befürchtungen zu Unrecht. 1999 hat er das Kloster wieder verlassen, und auch zuvor haben ihn die strikten, oft selbstauferlegten täglichen Zen-Übungen im über zweitausend Meter hoch gelegenen Mount Baldy Zen Centre keinesfalls davon abhalten können, seit dem Album *The Future* von 1992 immer wieder ein neues Qualitätsprodukt aus dem Hause Cohen vorzulegen – so etwa die

Gedichte- und Songtextsammlung *Stranger Music* von 1993, ein *Live in Concert*-Album der Tourneen von 1988 und 1993 im Folgejahr und 1997 ein zweites *Best Of*-Album. Anfang 2001 erschien mit *Field Commander Cohen* eine Live-CD seiner 1979er Tournee, ein neues Buch ist in Arbeit, und im Herbst 2001 kam mit *Ten New Songs* endlich das lang ersehnte neue Studioalbum auf den Markt.

Und was schließlich den Interviewpartner Cohen angeht, so hat er sich – wie um den abgedroschenen Vorwurf der »mangelnden Produktivität« vollends Lügen zu strafen – über vier Jahrzehnte hinweg als kompetenter und allseits bewanderter Redner einen Namen gemacht. Dieses Buch gibt einen Einblick in Cohens Ansichten und Überzeugungen, seine Vorlieben und Gedanken zu allen erdenklichen Themen: Worte eines Mannes, der in seiner Jugend von der göttlichen Muse direkt auf den Mund geküßt worden ist und der seither sein Leben damit verbracht hat, sein Innerstes offenzulegen, und zwar – mit den Worten eines Songs, an dem er noch arbeitet – »so, wie eine Lilie sich der Wärme öffnet«.

Für mich klingt das ganz danach, als wolle Leonard Cohen besagte Tür auch in Zukunft offenhalten...

Die frühen Jahre

Die Eltern

Die Familie meines Vaters lebt seit 1860 in Kanada. Zuvor waren sie irgendwo an der Grenze zwischen Rußland und Polen zu Hause, und die hat sich immer mal wieder verändert. Sie kamen nach Amerika und ließen sich im Glengary County in Ontario nieder, wo sie lernten, mit einem kehligen schottischen Akzent Englisch zu sprechen. Diese ganzen bärtigen Herren mit ihren gerollten Rs... Meine Mutter kam aus Litauen, das gehörte damals zu Polen...

1985

Mein Vater hörte oft Gilbert und Sullivan, und dann gab es noch einen schottischen Sänger, den er sehr mochte... Harry Lauder, den liebte er über alles.

1985
(Der Vater starb 1944, als Leonard neun war.)

Mein Vater hatte ziemliche Schwierigkeiten, die richtige Tonhöhe zu treffen, das hab ich ja auch ein bißchen. Meine Mutter hat eine gute Stimme, und irgendwo im Haus war immer Musik zu hören.

1977

Ich erinnere mich, wie meine Mutter gesungen hat... bei uns zu Hause, sie singt immer noch... Ich erinnere mich weniger an die Lieder selbst – die meisten waren nämlich auf russisch –, als daran, wie sie gesungen wurden: Sie war mit Leib und Seele dabei.

1977
(Die Mutter starb im Februar 1978.)

Erziehung

Ich hatte eine sehr messianische Kindheit... Man hat mir beigebracht, daß ich ein Nachkomme Aarons bin, des Hohenpriesters... Man erwartete von mir, daß ich eine Führungsrolle übernehmen würde, wenn ich zum Mann herangewachsen war.

1967

Die Synagoge spielte eine große Rolle. Ich hab mir immer sehr gern die liturgische Musik angehört.

1977

Ich bin religiös erzogen worden. Nicht fanatisch, aber traditionell religiös. Ich wuchs in einem koscheren Haus auf, wir hielten die jüdischen Vorschriften ein, gingen am Sabbat in die Synagoge und befolgten die freitagabendlichen Sabbatrituale:

Wir zündeten Kerzen an und sagten Gebete auf. Es gab da ein ganz klares Traditionsbewußtsein, aber es war auf keinen Fall so, daß man unter irgendwelchen Zwängen gelitten hätte.

1988

Ich hab nie gegen meine Familie rebelliert. Ich fand immer, daß das extrem anständige Leute waren. Je älter ich werde, desto mehr weiß ich sie und ihre Eigenart zu schätzen – die Ehrlichkeit, mit der alle ihren Geschäften nachgingen, und wie aufopferungsvoll sie sich dem Gemeinschaftsleben widmeten.

1979

Es hat nie einen ernsteren Konflikt mit meiner Familie gegeben. Sie waren nicht gerade begeistert, als ich mit achtzehn oder neunzehn beschloß, Dichter zu werden, und mich intensiv mit Lesen, Schreiben und Gitarrespielen beschäftigte. Mein Onkel – das heißt, eigentlich mein Großonkel – hat mich immer mal wieder beiseite genom-

men und gesagt: »Als Hobby ist das ja alles schön und gut, aber wirst du davon auch leben können?«
1988

War Ihre Mutter enttäuscht, daß Sie keinen seriösen Beruf gewählt haben?
Enttäuscht? Meine Mutter war verzweifelt und überzeugt, daß ich in der Welt da draußen nicht überleben kann.
**Der Spiegel, 1. 10. 2001*

Bildung

Ich hab viel Radio gehört. Hab mir alles angehört, angefangen von den Platters... die waren in meiner Jugend ganz groß... und Frankie Laine.
1985

In einem alten Restaurant in Montreal, das es heute nicht mehr gibt, stand eine Jukebox. Das Restaurant hieß The Cadillac und hatte die ganze Nacht auf. Ich saß immer an dieser Jukebox, die viele von Phil [Spectors] Stücken enthielt, und ich hab dort viel geschrieben. Es war ein richtig abgedrehtes Restaurant, mit weißen Tischdecken, keine Ahnung, warum es die gab. Im Laufe der Jahre hat es sich ziemlich verändert. In der Jukebox waren auch gute Countrysongs, von Leuten wie George Jones oder zum Beispiel... *Unchained Melody* von den Righteous Brothers, das ist auch so ein Lied, das ich mir dort immer angehört habe, 'ne tolle Nummer.
1985

Ich hab die ganzen fünfziger Jahre neben der Jukebox gelebt... Ich hab nicht Musik studiert. Ich hab die Restaurants studiert, in denen ich mich aufhielt. Und die Kellnerinnen.
1995

Ich bin mit fünfzehn auf die Universität... das war ganz normal, so funktionierte das Schulsystem von Montreal. Die Schule dauerte elf Jahre, und man konnte direkt anschließend auf die Uni gehen. In meinem ersten Universitätsjahr wurde ich sechzehn, und mit zwanzig hatte ich mein Examen in der Tasche. Dieses System hatte Vor- und Nachteile. Der Nachteil war, daß man mit fünfzehn oder sechzehn beim besten Willen nicht wissen konnte, was man mal werden wollte, aber an der Uni mußte man sich entscheiden...

Ich bin fast nie zu den Seminaren gegangen. Keiner kümmerte sich groß darum, ob man aufkreuzte oder nicht. Hauptsache, man bestand seine Examensarbeiten. Manche Dozenten führten Anwesenheitslisten, aber bei weitem nicht alle. Also hab ich mich während dieser Zeit lieber in der Stadt herumgetrieben. Ich hab angefangen, in den Innenstadtkneipen rumzuhängen, mich mit Leuten zu treffen, einen zu trinken, Gitarre zu spielen. Deshalb hatte ich auch nie das Gefühl, mir eine höhere Bildung angeeignet zu haben.

Ich hab viel gelesen, hab zu der Zeit aber auch angefangen, mich mit anderen Schriftstellern zu treffen. Mit kanadischen Schriftstellern wie Irving Layton, Louis Dudek, Frank Scott, Phyllis Webb, Margaret Atwood und Raymond Souster. Einige dieser Autoren sind bekannt, andere nicht. Ein paar von ihnen bildeten eine Gruppe, aus der sich später die Montreal School entwickeln sollte. Das waren Leute, die es mit ihrer Arbeit sehr genau nahmen – sie verglichen ihre Sachen immer und kritisierten sich untereinander absolut schonungslos. Was dort ablief, war also eine gute Schulung für mich.

Das war's im wesentlichen, was ich an der Uni gemacht habe. Ich hatte keinen Plan, wie es danach weitergehen sollte, und ich fing an, mich treiben zu lassen.

1988

Ich hatte ein herrliches Zimmer mit offenem Kamin und Sherry, und wir lebten das Leben chinesischer Mandarine – wir machten unseren Damen den Hof und hielten

die Bude warm. Ich glaubte, das Leben würde immer so weitergehen; ich würde Wein trinken, Käse essen und Gedichte schreiben.
1969

Als ich auf der McGill University war, wollte ich das genaue Gegenteil eines Mönchs verkörpern. Die meiste Zeit hab ich versucht, die Mädchen anzugraben, wollte einfach nur in den Armen einer Frau liegen. Das war meine Hauptbeschäftigung. [Ich war] allerdings nicht sehr erfolgreich. Die Zeiten waren nicht gerade förderlich für einen engeren Kontakt zwischen Jungs und Mädchen. Alles war ziemlich kompliziert und verklemmt, aber es liefen ein paar wirklich hübsche junge Frauen herum. Und ein paar von ihnen waren sehr offen zu mir.
1988

Das Gefühl der Beklemmung war immer da. Aber ich habe es nie als etwas Besonderes empfunden, denn damals in Montreal, wo ich aufwuchs, fühlten viele meiner Freunde ähnlich.
*Der Spiegel, 1. 10. 2001

Die erste Band
The Buckskin Boys waren ein tolles kleines Trio, das wir [um 1951] auf die Beine stellten... Außer mir war noch Mike Doddman dabei, der Mundharmonika spielte, und ein Typ namens Terry. Ich hab mich nie an seinen Nachnamen erinnern können. Weiß gar nicht, ob ich ihn überhaupt je gewußt habe. Er spielte Waschzuberbaß und sagte die Tänze an.
1993

Wir machten sehr traditionelle Musik, wir nannten sie Squaredance oder »Bauerntanz«, sehr konventionelle Nummern wie *Red River Valley*, *Redwing*, *Cannonball Express* oder *You Are My Sunshine*, und wir hatten einen *caller*, also jemanden, der immer die Tänze ansagte. Es waren so richtige *barn dance*-Veranstaltungen [Tanzveranstaltungen mit ländlicher Musik; A.d.Ü], wo die Leute

im Viereck oder im Kreis
tanzten, und der *caller*... sagte immer die Tänze an.
1984

Ich spielte bloß Rhythmusgitarre; hin und wieder sang
ich auch mal 'ne Strophe,
aber hauptsächlich spielte ich
einfach Rhythmusgitarre...
Es war eine elektrisch verstärkte akustische Gitarre,
mit Tonabnehmer... Das hatte nichts mit Gott oder guter
Musik zu tun oder mit
Country & Western – das
waren einfach wir drei, die
fröhlich drauflos lärmten,
damit die Leute ihren Squaredance tanzen konnten.
1988

Judentum und andere Religionen

Ich weiß, daß ich Jude bin. Ich komme aus einer guten jüdischen Familie, einer konservativen Familie, und, ja klar, natürlich empfinde ich diese Tradition sehr stark. Ich kann auf hebräisch beten, kann mit dem Boß hebräisch reden.

1985

Unser naturgegebenes Vokabular ist das jüdisch-christliche. Das ist der Mythos, den wir im Blut haben... Wir müssen die Kreuzigung wiederentdecken. Die Kreuzigung muß wieder als universelles Symbol verstanden werden und nicht bloß als irgendein Experiment mit dem Sadismus oder dem Masochismus oder der menschlichen Überheblichkeit. Sie wird wiederentdeckt werden müssen, denn das ist der Ort, wo sich die Menschheit befindet: am Kreuz.

1968

In meinen Augen ist die Religion eine Methode zur inneren Stärkung, etwas, mit dem man das Universum bewohnbar macht. Ich glaube, es gibt wirklich eine Kraft, der wir uns öffnen können. Ich habe keine Probleme damit, diese Kraft »Gott« zu nennen. Manche haben da Schwierigkeiten. Bei denen braucht man nur das Wort »Gott« auszusprechen, und sofort läuft eine ganze Reihe komplizierter Reaktionen ab. Sie mögen es einfach nicht. Es sind schlechte Zeiten für dieses Wort, daran besteht gar kein Zweifel. Aber ich verbinde nicht diese negativen Assoziationen oder diese Vorstellung von etwas Institutionalisiertem damit. Für mich ist es einfacher, »Gott« zu sagen als »eine unbenennbare mysteriöse Kraft, die alles Lebendige beseelt«. Selbst die männlichen Pronomen Er und Ihn zu benutzen geht mir nicht gegen den Strich wie so vielen anderen... Ich kann sagen »Ihm näher zu kommen heißt, Seine Gnade zu fühlen«, weil ich es selbst erlebt habe.

1969

Ich würde mich nie als etwas anderes denn als Juden bezeichnen. Ich habe eine traditionell jüdische Erziehung genossen, und es war keine schlechte. Mit anderen Worten: Sie hat mich ziemlich in Beschlag genommen, war aber frei von Fanatismus. Sie hat die Grundlagen dafür geschaffen, daß ich mich voller Verständnis auch mit anderen Religionen auseinandersetzen konnte. Ich bin ein teilweise praktizierender Jude. Ich zünde Kerzen an und befolge einige der 613 Vorschriften, die ich einhalten müßte, aber ich würde mich auf keinen Fall einen guten Juden oder einen religiösen Juden oder einen religiösen Menschen nennen.

1988

Ich glaube, unsere Religion ist voller Atheisten und Agnostiker. Es gibt zwar viele, die sich Juden nennen, aber ich glaube nicht, daß die wirklich gläubig sind... Für mich war immer etwas dran an der Sache. Das hat mich zwar nicht davon abgehalten, falschen Göttern hinterherzurennen – und es ist gut möglich, daß ich immer noch mit einem von ihnen herumhure –, aber es war definitiv etwas dran an dem, was ich da gesehen habe. Ich bin in einer katholischen Stadt aufgewachsen, meine katholischen Freunde erzählten Horrorgeschichten über den Katholizismus, und meine jüdischen Freunde erzählten Horrorgeschichten über das Judentum. Bei mir gab es keine Horrorgeschichten... Ich habe es immer toll gefunden... Und ich habe versucht, auf meine eigene bescheidene Art so halbwegs dabeizubleiben.

1994

Ich finde, daß religiöse Fanatiker sehr unterhaltsame Gesprächspartner sind. Sie haben sehr klare Vorstellungen und sind irgendwie immer so angenehm aufgeregt.

1974

Ich bin sehr mißtrauisch, wenn Leute starre Standpunkte haben, besonders dann, wenn es um den Glauben geht. Jeder, der sich selbst einmal einer gründlichen Prüfung unterzogen hat, weiß, daß er manchmal an Gott glaubt und manchmal nicht. Und manchmal kann man atheistische Positionen vertreten, und manchmal kann man es nicht. Für den Verstand gibt es ja immer nur ja oder nein, ich glaube oder ich glaube nicht...

1984

Es kann immer passieren, daß man von Leuten irregeleitet oder manipuliert wird, die behaupten, »es« gesehen zu haben, darüber zu verfügen, zu wissen, was man damit macht. Es gibt üble Kräfte, die nur allzu bereit sind, die Religion für ihre eigenen Zwecke auszunutzen. Aber ich bin zuversichtlich, daß die Mächte des Guten stärker sein werden.

1984

Ich mag Jesus Christus sehr. Er ist vielleicht der prächtigste Kerl, der je auf Erden herumgelaufen ist. Einer, der gesagt hat: »Selig sind die Armen, selig sind die Sanftmütigen«, muß eine Persönlichkeit von einzigartiger Güte, Einsicht und Verrücktheit gewesen sein... Ein Mann, der erklärt, er habe seinen Platz bei den Dieben, den Prostituierten, den Heimatlosen. Seine Position ist mit dem Verstand nicht zu fassen. Es ist eine unmenschliche Großmut. Eine Großmut, die die Weltordnung über den Haufen werfen würde, wenn sie Schule machen würde, denn nichts könnte diesem Mitgefühl standhalten. Ich versuche nicht, die jüdische Sicht von Jesus Christus zu verändern. Aber die Persönlichkeit dieses Mannes hat mich berührt – auch wenn ich weiß, was im Laufe der Geschichte durch das institutionalisierte Christentum alles angerichtet worden ist.

1988

Ich glaube, jeder führt ein spirituelles Leben. Ich weiß nicht mal, ob man es überhaupt extra so bezeichnen muß. Jeder steht mit seinen inneren Reichtümern, mit seinen eigenen tiefen Quellen göttlicher Energie in Verbindung, sonst wäre er nicht hier auf dieser Welt, er würde sich einfach in Luft auflösen. Jeder lebt ein sogenanntes religiöses Leben, jeder lebt ein sogenanntes spirituelles Leben, jeder hat einen Draht zu diesen Kräften, sonst wäre er nicht hier.

1988

Es gibt etwas, was man Sünde nennt, und die Gerechtigkeit, die Bestrafung, folgt ihr auf dem Fuß. Sünde, das bedeutet Trennung, das ist die Entfremdung von dem Leben um dich herum, du fällst in die Trance der Einsamkeit, in die Trance des Alleinseins. Die Vorstellung, daß du von allem getrennt bist, hat dich in ihren Bann gezogen. Das eben ist die Sünde, und du wirst auf der Stelle dafür bestraft – mit Schmerz, mit psychischem Schmerz, mit höchster Seelennot. Ich habe in dieser Welt gelebt, und da ist es für mich ganz natürlich, daß meine Songs auch von dieser Realität ausgehen.

1988

Ich möchte mich auf keinen Fall als einen Feind der institutionalisierten Religionen hinstellen, denn für Millionen und Abermillionen Menschen bedeutet die Kirche, die Moschee und die Synagoge Hilfe und Trost – eine wirkliche Hilfe, einen echten Trost. Ich glaube nicht, daß es für irgendwen

oder irgendwas von Nutzen ist, sich zum Feind dieser Religionen zu machen. Nach innen hin, gegenüber ihren Mitgliedern, sind die institutionalisierten Religionen sehr fürsorglich, nach außen hin dagegen, gegenüber den anderen Religionen, zeigen sie sich feindselig. Nach innen hin verhalten sie sich eher wie Familien, nach außen hin eher wie Staaten. Und im Umgang miteinander sind sie immer sehr aggressiv. Ich halte das für ein zutiefst sündhaftes Verhalten.
1988

Ich bin nicht besonders glaubensstark... Ich habe Erfahrungen gesammelt. Ich bin viel mehr an der Erfahrung interessiert als am Glauben.
1992

Für mich ist die Theologie immer mehr so was wie ein vergnüglicher Gedankenkitzel gewesen. Theologie oder religiöse Spekulation stehen zur wirklichen Erfahrung im selben Verhältnis wie Pornographie zum Vollzug der körperlichen Liebe. Es besteht eine gewisse Verbindung. Ich meine – sie kann einen richtig antörnen.
1995

[Die Bibel] ist ein Buch über die Erfahrung. Ich glaube, sie unterscheidet sich von anderen Büchern, besonders das Alte Testament. Mir gefällt auch das Neue Testament sehr, die Figur Jesus und seine Rolle, aber das Alte Testament ist wirklich ein Zeugnis vom Sieg der Erfahrung. Es ist ein geschichtliches Buch, es handelt von Menschen, die sich mit dem Absoluten auseinandersetzen müssen, und gleichzeitig müssen sie auch mit anderen Menschen zurechtkommen, sich mit dem Relativen auseinandersetzen. Es besteht also eine Spannung, ein Kampf zwischen dem Relativen und dem Absoluten.
France-Inter (Radiointerview), 6. 10. 1997

Die große Religion ist das große Kunstwerk ... [Es besteht da] eine Verbindung –

die unleugbare Gegenwart des »Anderen« –, und die hat uns zur Religion getrieben ... Die Probleme existieren schon, bevor wir dazukommen, und wir lagern uns, fast wie Moleküle, an diese komplexen Probleme an. Das ist der Mensch – eine Zusammenballung um ein komplexes Problem.

Buzz 4/1998

Ihre Familie in Montreal zählte zur High Society des jüdischen Glaubens. Sie bezeichnen sich selbst als praktizierenden Juden. Leben Sie danach?

Ich lese morgens ein paar Stellen in der Bibel, ich zünde am Freitag gern die Kerzen an, feiere den Sabbat, halte den Kontakt zur Gemeinde. Die Religion hält die Verbindung zur Vergangenheit, zur Familie – sie nährt mich. Das Zen-Studium und der jüdische Glaube sind wie ein Ozean, in dem man schwimmt. Man saugt vieles aus diesen großen Traditionen in sich auf. Ich habe mal einen guten Satz gelesen:

»Man kann die Klugheit eines klugen Menschen übernehmen, aber nicht die Weisheit eines Weisen.«

Die Zeit, 4. 10. 2001

Es spielt also keine Rolle, welcher Religion man angehört oder ob man denn überhaupt eine Religion abonniert?

Es spielt eine Rolle, wenn du religiöse Antworten brauchst. Gibt es ein Leben nach dem Tod, Seelenwanderung, Erlösung, solche Ideen. *I think everyone lives their life as an emergency, as a crisis* [Ich glaube, daß jeder Mensch sein Leben als Krise, als eine permanente Notlage erfährt (C.B.)]. Existenzielle Nöte stehen im Vordergrund, all diese Gedanken zu Reinkarnation und Transzendenz lenken davon ab. *I was trying to find some way to get through the day* [Ich suchte einfach nach einem Weg, mit meinem Leben zurechtzukommen (C.B.)]. Die Wahrheit ist, daß ich die meisten Philosophien und Religionen nicht verstehe, wenn

sie als geschlossene Systeme auftreten und vorgeben, Antworten auf alle Fragen zu haben. Das ist anmaßend. Ich konnte mich mit derlei Konzepten nie anfreunden. Wenn ich ehrlich sein will, muß ich allerdings gestehen, daß ich vieles davon einfach nicht kapiere, rein intellektuell. Ich habe schon in meiner Jugend erkannt, daß mein Geist sich nicht dazu eignet, komplizierte Lehren und Theorien zu erfassen. Oft nicht einmal die einfachen.
*Rolling Stone (D), 10/2001

Kanada und der Rest der Welt

Ich sollte mich überhaupt nicht in Kanada aufhalten. Der Winter ist gar nicht gut für mich. Ich gehöre ans Mittelmeer. Meine Vorfahren haben da einen schrecklichen Fehler gemacht. Aber ich muß immer wieder nach Montreal zurückkommen, um meine neurotischen Bindungen zu erneuern.
1964

Wer Kanada nicht liebt, ist innerlich tot. Es ist ein wundervolles Land.
1966

Kanada ist eigentlich keine richtige Nation, also kann es so viele Sprachen haben, wie es will. Das ist ja gerade das Besondere daran, das Grandiose, daß es keine richtige Nation ist. Aber Quebec ist eine richtige Nation – in dem Sinn, daß es *ein* Volk, mit einer Religion, einer Sprache und einer einheitlichen Erfahrung ist... Quebec sollte durch den St. Lawrence Boulevard geteilt werden. Alles westlich vom St. Lawrence Boulevard bis hinunter nach Ottawa sollte Englisch-Quebec sein, und zwar Englisch-Quebec mit allen vertraglichen Garantien. Und alles östlich vom St. Lawrence Boulevard, also alles bis an die Antlantikküste, sollte Französisch-Quebec sein, und es dürfte keine Streitigkeiten zwischen diesen beiden Völkern geben... Ich meine das ernst.
1974

Es ist einfach meine Heimat, ist es immer gewesen, und ich verbringe gerne viel Zeit hier. Ich empfinde mich sehr zugehörig zu Montreal und besonders zu dieser Straße hier. Ich mag diese Straße. Ich verlasse sie nicht allzu oft.

1974

Ich glaube, es gibt zwei Phasen im Leben eines Schriftstellers – es gibt die Zeit, wo er sein Land verlassen muß, um seine Kultur mit anderen Augen zu sehen, aber dann kommt auch wieder eine Zeit, wo er zurückgehen und den Kontakt zu seinen kulturellen Wurzeln erneuern muß, sonst wird er einer dieser Schriftsteller, die dauerhaft im Ausland leben und nicht mehr aus der lebendigen Sprache und der lebendigen Erfahrung ihres Volkes schöpfen können.

1974

Ich glaube, wie immer wir dieses Gebilde, Kanada, auch nennen wollen – es ist einer der besten Orte auf der Welt. Gerade unser unklares Verhältnis zu diesem Land macht es zu etwas Großartigem. Durch diese Unklarheiten entstehen alle möglichen Schlupflöcher, die uns viele Freiheiten lassen... Ich empfinde wirklich große Zuneigung zu diesem Land.

1982

Ich habe die meiste Zeit meines Lebens in Kanada verbracht und nie groß das Bedürfnis verspürt, mich südlich der Grenze niederzulassen... Ein Künstler oder Sportler, selbst ein Wissenschaftler, muß erst in den USA Zustimmung gefunden haben, offizielle Zustimmung, bevor wir ihn ernst nehmen. Das ist die traurige Wahrheit. Wir sind nur ein paar Städte entlang der Grenze zu den USA, also besteht immer die Gefahr, daß wir unsere nationale Identität verlieren...

1985

Nur in einem Land wie diesem konnte ich mit einer

Stimme wie meiner einen solchen Preis bekommen.
1993
(Anläßlich seiner Auszeichnung mit dem kanadischen Juno Award in der Kategorie »bester Sänger«.)

Ich wäre nicht der, der ich bin, wenn ich woanders geboren wäre. Ich hab sehr enge Beziehungen zu dieser Stadt [Montreal], denn es ist meine Geburtsstadt. Meine Schwester wohnt noch jetzt in meinem Elternhaus, und natürlich leben auch Irving [Layton] und viele alte Freunde noch dort.
The Toronto Star, 1. 8. 1999

Griechenland

Ich war sehr froh, angeben zu können, daß ich aus Polen stamme... Als ich [1959] nach Griechenland kam, war es wirklich so, als käme ich nach Hause. Das Dorfleben kam mir vertraut vor, obwohl ich keinerlei Erfahrungen mit dem Dorfleben hatte.
1994

... in den Sechzigern
Ich hatte in Griechenland gelebt und geschrieben. Ich hatte so 'ne Methode entwickelt, mich über Wasser zu halten: Ich bin immer nach Kanada zurück, hab mich ein bißchen journalistisch betätigt oder eine Kurzgeschichte verkauft und dadurch die tausend Dollar zusammengekriegt, die ich für ein Jahr in Griechenland brauchte. Und dann bin ich wieder nach Griechenland und habe weitergeschrieben. Doch obwohl meine Bücher gut aufgenommen wurden, besonders in Kanada, und gute Kritiken bekamen, konnte ich davon nicht leben.
1986

... in den Siebzigern
Ich habe eigentlich nicht mehr das Gefühl, in Griechenland zu leben, obwohl ich noch sehr oft hinfahre. Ich will es bestimmt nicht als einen rühmenswerten politischen Akt hinstellen, aber nach dem Putsch [von 1967] habe ich mich dort irgend-

wann nicht mehr zu Hause gefühlt.
1974

... in den Achtzigern
Irgend etwas fällt mir immer ein, wenn ich dorthin gehe. Ich habe ein kleines Haus oben auf dem Berg, und ich mag meinen Schreibtisch dort. Ich weiß nicht, was es ist, aber dieses Licht und mein Schreibtisch und meine Küche – das alles hat irgendwie was Besonderes. Es inspiriert mich jedesmal.
1985

New York
Bevor ich nach New York gegangen bin – und ich war damals schon ein erwachsener Mann –, hat [meine Mutter] zu mir gesagt: »Also, Leonard, sei vorsichtig, diese Leute sind anders als wir. Das ist ein anderer Menschenschlag.« Ich fand es sehr amüsant und rührend, daß sie das sagte, aber es stellte sich heraus, daß sie recht hatte.
1995

In New York habe ich dann diese ganze Renaissance der sogenannten Folkmusik kennengelernt – Phil Ochs, Judy Collins, Joan Baez, Bob Dylan, David Blue. Das muß so 1965, 1966 gewesen sein. Ich kam nach New York und war nicht besonders erfolgreich darin, die Leute auf mich aufmerksam zu machen. Ich war bei einigen Agenturen, und die sagten immer: »Dreh dich um, Junge, laß dich mal ansehen, bist du nicht ein bißchen zu alt für dieses Spiel?« Ich war zweiunddreißig. Ich glaube, ich aß damals nur sehr wenig. Ich wog ungefähr 53 Kilo. Ich bin in die Clubs, hab zugehört, gespielt und geschrieben. Eben genau das Klischee vom jungen Schriftsteller in New York.
1986

Los Angeles
Los Angeles ist eine fabelhafte Stadt. Sie befindet sich in einer Art allumfassendem Zerfall. In geologischer Hinsicht. In politischer Hinsicht. Auch ganz konkret zerfällt

sie allmählich. Der ideale Hintergrund für meine finstere Miene.

1992

Ich habe während der Unruhen, des Erdbebens und der Überschwemmungen in Los Angeles gelebt. Und selbst für jemanden, der so unermüdlich mit sich selber beschäftigt ist wie ich, ist es sehr schwer, sich auf sich selbst zu konzentrieren, wenn die Stadt in Flammen steht...

1997

Frauen, Liebe, Beziehungen

Über Marianne Ihlen:

Sie hat eine enorme Ordnung in mein Leben gebracht. Es war wirklich ein Geschenk, mit ihr zusammenzuleben. Sie ist im Krieg bei ihrer Großmutter aufgewachsen, war also nach den Maßstäben einer früheren Generation erzogen worden – das zeigte sich schon daran, wie sie den Tisch gedeckt oder die Kerzen angezündet oder saubergemacht hat. Nicht daß sich ihre Fähigkeiten auf diese bei Feministinnen inzwischen ein wenig in Verruf geratenen Tätigkeiten beschränkt hätten. Aber sie war eben mehr als nur die strahlende Muse des Dichters. Sie wußte, daß es sinnvoll war, mich an meinen Schreibtisch zu kriegen.

1994
(Leonard und Marianne lebten den größten Teil der sechziger Jahre zusammen auf Hydra und trennten sich schließlich 1968.)

Ich wünschte, die Frauen würden möglichst rasch die Macht übernehmen... Es wird sowieso passieren, also bringen wir's hinter uns. Dann können wir endlich zugeben, daß die Frauen die wahren Köpfe hinter allem sind und die Kraft, die alles zusammenhält, während die Männer nichts weiter als Schwätzer und Künstler sind. Dann können wir uns unserer kindischen Arbeit widmen, und sie können den Laden schmeißen. Ich bin ein absoluter Befürworter des Matriarchats.

1968

Ich mache mir keine Sorgen darüber, daß ich mißverstanden werden könnte. Ich glaube nicht, daß überhaupt irgendwer mißverstanden werden kann. Ich glaube, daß wir alle miteinander in Verbindung stehen. Jeder Mensch, der sein Herz und seine Augen öffnet, steht mit dem tiefsten Inneren jedes anderen Menschen in Verbindung.

1972

Jeder über dreißig weiß, daß zwischen Mann und Frau Krieg herrscht. Es ist ein Kampf auf Leben und Tod, den psychischen Tod. Es ist ein Machtkampf, ein skrupelloses, teuflisches Kräftemessen...

1974

Die Frauen sind immer mächtig gewesen. Jeder Mann, der glaubt, das wäre nicht so, ist ein Dummkopf. Die Frauen sind genauso mutig wie die Männer, und sie sind genauso stark wie die Männer, und sie sollten genauso gut bezahlt werden wie die Männer.

1985

Es besteht eine allgemeine Verschwörung gegen Verliebte, denn die Menschen sehen es einfach nicht gerne, wenn andere Menschen glücklich sind, und die Ekstase anderer zu erleben ist etwas sehr Unangenehmes, wenn man selbst nicht daran teilhat. Genauso verhält es sich mit den Künstlern. Die Leute würden ihre Künstler am liebsten verkrüppelt oder tot sehen. Eine Binsenweisheit, aber es ist wahr... Wir nehmen es jemandem wirklich übel, wenn er von den Engeln zu reich beschenkt worden ist. Es gibt griechische Mythen darüber. Wenn etwas über die Maßen schön ist, wenn jemand allzu begabt ist, wenn sein Licht zu stark leuchtet, dann ist es der natürliche Impuls der Menschen, die ihn umgeben, ihn zu ersticken, ihn auszulöschen... Ich habe das bei anderen, die brillanter und strahlender gewesen sind als ich, miterlebt. Ich habe sie sterben sehen.

1974

Monogamie? Ich glaube, die Ehe ist etwas für Leute mit sehr, sehr starken moralischen Grundsätzen. Ich würde sagen, heutzutage ist die Ehe eine Prüfung, die viel schwerer, härter und aufreibender ist als alles, was ein Orden seinen Mönchen je auferlegen könnte. Heute ist die Ehe das Klosterleben. Und Klosterleben ist heute die Freiheit. Es hängt einfach davon ab, ob man eine Mönchsnatur ist, denn die braucht es zu einer monogamen Ehe. Die meisten Menschen leben ein ziemlich schlampiges Leben, sie gehen mit ihrer Ehe auf die gleiche schlampige Weise um, wie sie mit all ihren anderen Angelegenheiten umgehen. Ich gehöre da mehr oder weniger auch dazu.

1974

Was ich hasse und was ich liebe, ist in der Regel ein und dasselbe. Ich glaube, so geht es uns allen. Nehmen wir zum Beispiel eine Frau – die Frau, mit der man zusammenlebt. Es kann leicht passieren, daß man sie hin und wieder mal haßt. Ich finde, wir sollten vor diesen Gefühlen auch keine Angst haben. Wir sollten irgendwie über uns stehen und von außen zusehen, wie unser Herz wie Kebab am Spieß geröstet wird. Mal Haß und mal Liebe, das ist einfach der Weg des Herzens. So bewegt es sich fort, es ist seine natürliche Art und Weise, vorwärts zu kommen.

1974

Ein indischer Dichter hat mal gesagt: »Der Fluß des Verlangens hat nur ein Ufer. Wenn du dich da hineingestürzt hast, kannst du nicht zur anderen Seite schwimmen.«

1974

Über Suzanne Elrod:
Sie ist die Mutter meiner Kinder [Adam und Lorca],

und sie ist ihnen eine gute Mutter... Ob wir nun weiterhin getrennt leben oder nicht – es wird immer meine Ehe sein.

1978

(Leonard lernte Suzanne 1968 kennen; sie waren zehn Jahre zusammen, haben aber nie geheiratet.)

Man fängt an, sich Sorgen zu machen, sobald sie [die Kinder] auf die Welt kommen, und ich glaube, man hört nie damit auf. Man hofft, daß sie einem verzeihen werden, und die meiste Zeit drückt man ihnen nur die Daumen, wünscht ihnen, daß sie gesund bleiben, und versucht, hie und da mal einen guten Rat loszuwerden, wenn es nötig erscheint.

1988

Glücklicherweise sind meine Kinder in Liebesdingen beide tolerant und gut informiert. Daher dürften sie mir viel von dem verzeihen, was ich so nebenbei mal angemerkt habe. Vielleicht verzeihen sie mir sogar ein paar der schlimmen Lieder und ein paar der obszönen Passagen, die ich geschrieben habe. Ich hoffe das Beste.

1988

[Adam] hatte [1990] einen sehr schweren Autounfall auf Guadeloupe... Da sind wir einander sehr nahegekommen... Bei seiner Genesung spielte das Psychische eine große Rolle, was viel mit meiner Liebe zu ihm zu tun hatte und damit, daß er diese bedingungslose Liebe begriffen hat. Und daß ich begriff, wie unglaublich tapfer er war...

1997

Es gab mal eine Phase in meinem Leben, wo ich wie besessen davon war, die Herzen der Frauen zu erobern. Das ging weit über jedes vernünftige Maß hinaus und wurde mein wichtigster Lebensinhalt, mit der Folge, daß ich mich auch entsprechend extrem aufgeführt habe. Ich habe in jener Zeit einige sehr interessante Erfahrungen gemacht, und wahrscheinlich stammt das meiste, was ich über mich und andere gelernt habe, aus jener Zeit der Besessenheit... Oder auch dieser Sexfilm, der mir so wichtig war. Aber wir wissen ja, daß Sexfilme nicht romantisch sind.

1988

Wenn man begehrt, ist es schwierig, zu wissen, wo man selbst steht. Das Objekt der Begierde ist so unwiderstehlich und die Intensität der Begierde so übermächtig, daß man sich willig jede erdenkliche Maske aufzwängt, nur um das ersehnte Objekt zu gewinnen. Das kennen sicher alle Männer. Es ist überwältigend, man nennt es die Versuchung – eine höchst problematische und gefährliche Macht. Und später, wenn man alt genug ist, um die Folgen seiner Handlungen zu erkennen, wenn man begreift, daß es in jeder Hinsicht eine ernste Sache ist, mit jemandem zu vögeln, dann kommen auch Fragen der Moral ins Spiel. Und trotzdem ist die Begierde so stark, daß man selbst im Wissen um die Folgen zulassen wird, daß man diese Masken anlegt.

1988

Niemand hat sein Herz völlig im Griff. Niemand hat die Liebe im Griff. In diesen Dingen sind wir gewissermaßen alle Amateure und müssen jeden Tag wieder von vorne anfangen. Es gibt keine Garantie dafür, daß die Beziehung von gestern noch dieselbe ist, wenn wir morgens aufwachen.

1988

Ich glaube nicht, daß Frauenhelden Romantiker sind. Ich weiß nicht genau, was ein Romantiker ist, aber ich glaube, daß ein Mann, der nichts anderes im Kopf hat, als Frauen an Land zu ziehen, kein Romantiker ist. Wenn man dabei ernsthaft und professionell ans Werk geht, dann ist es das genaue Gegenteil von Romantik. Ich denke, da geht es um die Erforschung anderer Wirklichkeiten. Es geht nicht um

Wein und Rosen und den mondbeschienenen Vorhang, der von einer leisen Brise bewegt wird. Es ist viel rauher und gefährlicher als das, was wir normalerweise mit Romantik in Verbindung bringen.

1988

»Ladies' Man«, Frauenheld, das war auch noch so ein Titel, den man mir angehängt hat, als wäre ich führend auf diesem Gebiet. Ich habe wahre Frauenhelden kennengelernt, und das ist wirklich eine ganz andere Kategorie... Als wäre ich der einzige, der sich für Frauen interessiert. Man braucht nur diese beiden Charakterisierungen zusammenzunehmen – »deprimierend«, »düster« und »Ladies' Man« – als ob sich die Frauen wirklich für so 'nen Typ Mann interessieren würden!

1994

Manchmal läuft man jemandem über den Weg, mit dem sich einfach ein Gespräch entwickeln muß. Man spürt, daß es einfach unbedingt passieren muß. So ist es mir mit Rebecca [de Mornay] gegangen.

1993

Sie hat rausgefunden, wie ich wirklich bin.

1994
(Über das Scheitern seiner Beziehung mit der Schauspielerin Rebecca de Mornay.)

Ich glaube, man würde sich im Laufe der Jahre nicht so viele Songs über das Ende einer Liebe oder den Anfang oder die Zeit dazwischen anhören, wenn man dabei nicht etwas lernen würde. Was hängenbleibt, ist vielleicht etwas Subtileres als das, was man bewußt mitzukriegen meint. Allein dadurch, daß man mit Stimmung, Atmosphäre oder Szenerie der Lebensproblematik einer anderen Person oder eines anderen Paares konfrontiert wird, nimmt man eine subtile Information auf, die einen irgendwie berührt. Ich weiß nicht, ob es sich dabei um etwas Konkretes handelt. Ich hab nie gelernt, was man sagen muß, wie man's machen muß und wie man wieder aus der Sache rauskommt. In diesem Song von Paul Simon *50 Ways To Leave Your Lover* [50 Methoden, sich von seinem/seiner Geliebten zu trennen], also weißt du, da kommt keine einzige gute Methode drin vor, wie man sich von seiner Geliebten trennen kann. Da ist nicht das Geringste rübergekommen.

1993

Wenn man eine Beziehung einmal eingegangen ist, sollte man auch die Bedingungen dieser Beziehung respektieren. Davon bin ich immer überzeugt gewesen. Ich habe es nie geschafft, das auch einzuhalten, aber ich bin immer von diesem Grundsatz überzeugt gewesen.

1993

In der schweißnassen, leidenschaftlichen, schmutzigen Umarmung, in jener wunderbaren Umarmung, die die Macht hat, die Zeit aufzuheben – da gibt es keinen Unterschied, keine Trennung zwischen dem Spirituellen und dem Profanen.

1993

Ein »großer Liebhaber«, ich weiß nicht mal, was das bedeutet. Ist das Casanova? Oder Don Juan? Ist es der Typ von nebenan, der so einen erstaunlichen Erfolg bei den Frauen hat, oder ist es ein verheirateter Mann?... Der größte Liebhaber, den ich kenne, hat wahrscheinlich noch nie eine Frau berührt, er ist mit fünfzig noch Jungfrau.

1995

Ich kann mir vorstellen, daß der Typ mit dem Etikett »großer Liebhaber« im selben Boot sitzt wie der Typ mit dem Etikett »Dichter«: Keine will sich mit ihm einlassen.

1995

Ich glaube, was das Erlebnis Liebe ausmacht, ist, daß man sich für einen Augenblick

nicht mit seinen Wachposten und Bataillonen umgibt, und dann kann man wirklich spüren, daß eine freie, ungebundene Energie des Fühlens und Denkens zwischen den Menschen fließt. Sie ist förmlich mit Händen zu greifen – fast könnte man auf ihr in den anderen hineinreiten. Man legt sein Herz offen, und natürlich gerät man völlig in Panik, denn man ist ja gewohnt, dieses Organ bis aufs äußerste zu verteidigen.
1995

Mir ist wunderbare Liebe zuteil geworden, aber ich konnte sie nicht zurückgeben... Es hat Menschen gegeben, die mich sehr, sehr innig und aufrichtig geliebt haben, aber ich war nicht fähig, ihre Liebe zu erwidern... weil ich von einem Gefühl des Getrenntseins besessen war. Ich konnte nicht einfach die Hand ausstrecken und über den Tisch hinübergreifen, ich konnte nicht auf die andere Seite des Bettes hinübergreifen. Ich konnte nicht über den Mond hinübergreifen, und ich konnte nicht über meinen Song hinübergreifen und auf der anderen Seite das berühren, was mir da angeboten wurde.
1997

Ich empfehle jedem wärmstens zu heiraten, auch wenn ich selbst nie verheiratet war.
Times of India, 7. 2. 1999

Ein Großteil Ihrer Wirkung – vor allem auf Ihre weiblichen Hörer – speist sich aus Ihrem Image als sensibler Liebhaber, als Prophet der Liebe. Nun singen Sie [in »That Don't Make It Junk«]: »I closed the Book of Longing/And I do what I am told« [Ich habe das Buch der Sehnsucht geschlossen/und tu, was man mir sagt (C.B.)]. Haben Sie mit der Liebe und den Frauen abgeschlossen?

Es ist schwer, eine Zeile aus einem Song zu kommentieren – »ich« ist nicht immer ich und »du« nicht immer du –, aber ich will es versuchen. Ich meine nicht, daß etwas nicht mehr vorhanden ist, Liebe oder Romantik oder Sehnsucht. Was ich in Frage stelle, ist meine Strategie für die Liebe. Immer wenn ich eine Absicht, eine Strategie, einen Plan hatte, wie ich jemand oder etwas lieben wollte, dann ging es schief. Wenn ich etwas – sei es Gott, Religion oder Frauen – auf meine Art lieben wollte, dann konnte ich es nicht festhalten. Meine Strategien sind gescheitert. Will sagen: »I closed the Book of Longing.« Also bleibt als Alternative: »I do what I am told.«

Sie haben Ihre Alben meistens einer Frau gewidmet. Nun widmen Sie es Ihrem Lehrer Roshi. Gibt es keine Frauen mehr?
Meine Koautorin und Komponistin Sharon Robinson studierte bei ihm, Leanne Ungar, meine Toningenieurin, kennt ihn. Ich bin sehr glücklich, mit diesen beiden schönen, äußerst kompetenten Frauen arbeiten zu können. Außerdem wohnt meine sechsundzwanzigjährige Tochter in der unteren Etage meines Hauses in Los Angeles – es gibt also noch Frauen in meinem Leben.
*Die Zeit, 4. 10. 2001

Ich lebe alleine, aber ich habe viele nahe Bekanntschaften. Ich habe das Album [*Ten New Songs*] in enger Zusammenarbeit mit zwei Frauen aufgenommen, und diese vertraute Beziehung, die aber keine Liebesbeziehung ist, hat sich sehr positiv auf unsere Arbeit ausgewirkt. Das ist etwas Neues für mich. Ich habe zwar schon immer enge Beziehungen zu Frauen gehabt, aber ich habe sie nie so wahrnehmen können, wie sie wirklich sind ... Ich habe sie nicht wahrgenommen, weil ich sie begehrt habe. Und wer etwas begehrt, der will es so haben, wie *er* es will, denn genau das ist es, was das Begehren ausmacht. Doch es tyrannisiert einen auch. Und wenn man innerlich ruhiger wird – wobei ich hinzufügen muß, daß ich weit davon entfernt bin, nicht mehr zu begehren –, dann fängt man an, den an-

deren so zu sehen, wie er wirklich ist.
Euroman 9/2001

Ich habe versucht, keinen romantischen Tango zu tanzen. Es kann allerdings sein, daß ich mich ganz und gar in meinem eigenen Tango verloren habe. Ich hab mich nie für romantisch oder übermäßig gefühlvoll gehalten: Eigentlich bin ich sehr realistisch eingestellt.
El Mundo, 26. 9. 2001

»*It is in love that we are made/In love we disappear*« *[Wir entstehen und vergehen in Liebe; eine Zeile aus* »*Boogie Street*«*]. Ist es die Liebe, die unser Leben ausmacht?*
Ja, aber nicht die persönliche Liebe ... Es handelt sich um eine unpersönliche Liebe. Das ist nichts, worüber wir verfügen würden, wir sind selbst Ausdruck dieser Liebe. Unsere Geburt ist Ausdruck dieser unpersönlichen Liebe. Und unser Tod eine Rückkehr zu ihr ... Das ist keine romantische oder besitzergreifende Liebe. Es ist eine allgemeine Liebe, in dem Sinn, daß sie allumfassend ist. Sie ist vollkommen schrankenlos.
ABC, 22. 7. 2001

Cohen über sich selbst

Jeder hat das Gefühl, in seiner eigenen Kapsel zu sitzen, und meine ist – weil ich einfach kein passenderes Wort dafür weiß – immer die eines Vorbeters gewesen: des Priesters einer Katakombenreligion; einer gerade erst im Untergrund entstehenden Religion. Und ich bin nur einer von vielen, vielen Priestern, kein Hohepriester, auf keinen Fall, aber einer der Schöpfer der Liturgie, aus der diese neue Kirche hervorgehen wird.

1967

Ich bin kurz vor der Invasion in der Schweinebucht [im April 1961] hinuntergeflogen [nach Kuba], und dann saß ich dort fest, weil die Flughäfen dicht waren. Also bin ich ungefähr einen Monat lang geblieben und hab mich ein bißchen umgeschaut, weil ich mich für revolutionäre Gesellschaftsformen interessierte... Ich merke allerdings, daß ich nicht in diese revolutionäre Gesellschaft hineinpaßte. Vieles, was dort unten passierte, war toll, aber für mich selbst war das alles viel zu öffentlich. Man mußte ständig überall mitmachen, und ich bin nun mal so ein bürgerliches, individualistisches und ungeselliges Individuum, das sich damit einfach nicht anfreunden konnte.

1976

Mein wahrer Grund [nach Kuba zu gehen] war... Ich interessierte mich sehr dafür,

was es wirklich bedeutete,
wenn Menschen Waffen trugen und andere Menschen
töteten... Die eigentliche
Wahrheit ist, daß ich töten
oder getötet werden wollte.
1964

Seit ich aufgehört habe,
Fleisch zu essen, habe ich
Tieren gegenüber ein viel
besseres Gefühl. Es ist jetzt
viel ehrlicher, wenn ich einen
Hund streichle.
1964

Jeder, der ausgeklinkt ist und
überlebt hat, der nicht am
Konformismus oder am reinen Wahnsinn, dem Nichtmehr-Funktionieren, zerbrochen ist, weiß Bescheid über
die Ekstase und die Halluzination und über die ganze
Sache mit den Planeten und
der Sphärenmusik, mit der
unerschöpflichen Kraft, dem
Leben und Gott. Er weiß genug, um sich um den Verstand zu bringen... Sich um
den Verstand zu bringen –
das ist es, woran die Leute
heute interessiert sind, und
deshalb werden die Schriften

von Schizophrenen wie mir
in Zukunft wichtig sein.
1967

Ich sehe mich manchmal am
Hofe König Ferdinands den
Mädchen meine Lieder zur
Laute vortragen.
1967

Ich kenne die Welt der Aussteiger, seit ich fünfzehn
bin... Ich hatte etwas mit
den Beatniks gemeinsam und
noch mehr mit den Hippies.
Vielleicht kommt die nächste
Bewegung sogar noch näher
an meinen jetzigen Standpunkt heran.
1968

Es geht mir gar nicht so sehr
um mich selbst als Schriftsteller oder Sänger oder so
was. Ein Mensch zu sein bedeutet doch viel mehr. Trotz
all der Sonntagsschullektionen, all der philosophischen
Ermunterungen, nicht den
Kopf zu verlieren, muß ich
zugeben, daß ich keinen
rechten Plan habe. Ich kann
mich nicht auf einen bestimmten Standpunkt festle-

gen. Mein Kopf hat sein eigenes Leben.

1968

Ich stellte mir immer vor, daß mich eines Tages ein Filmregisseur im Drugstore aufgabelt, so wie Hedy Lamarr... oder irgend so was. Das hab ich mir immer gewünscht. Daß irgendein unglaublich feinfühliger Regisseur erkennt, daß ich für was ganz Besonderes stehe... Ich würde dann eine Rolle als so 'ne Art Detektiv mit breitem Revers bekommen, und dann würde ich einfach meine Stimme wirken lassen.

1969

Ich hab mir in New York *Midnight Cowboy* [mit Dustin Hoffmann, A.d.Ü.] angesehen... und fünf Leute sind auf mich zugekommen und haben meine tolle schauspielerische Leistung gelobt.

1970

Ich finde es sehr schwierig, Kleider zu kaufen... Ich kann es irgendwie nicht mit meinem Bild von einem

Wohltäter der Menschheit in Einklang bringen – wissen Sie, Kleider einkaufen zu gehen, während es den Leuten anderswo dreckig geht. Also trage ich die alten Sachen, bis sie hinüber sind. Dazu kommt, daß ich keine Kleider finden kann, die wirklich zu mir passen. Und Kleider sind etwas Magisches, sie machen was Magisches mit dir. Sie können dich wirklich auf einen Schlag völlig verändern. Jede Frau weiß das, und die Männer haben es inzwischen auch entdeckt. Ich meine, Kleider sind wichtig für uns, und bis ich mir besser darüber im klaren bin, wie ich mich selbst sehe, werde ich einfach weiter meine alten Klamotten anziehen.

1969

Ich weiß noch, wie ich vor vielen Jahren mal in einer Anthologie chinesischer Lyrik geschmökert habe. Die Biographien verschiedener chinesischer Dichter wurden behandelt, und da gab's einen, der war ein intellektueller Dichter, und einen anderen – seine Sachen haben mir sehr gefallen –, der schrieb Lieder, die von den Frauen beim Wäschewaschen gesungen wurden. Und ich dachte, so ein Dichter wie der will ich auch sein.

1969

Ich glaube, daß es sehr gefährlich für mich wäre, mich als Persönlichkeit des öffentlichen Lebens zu sehen. Das ist mit ein Grund, warum ich mich aus vielem raushalte. Ich sehe mich nicht gern als jemanden, der die Stimme seiner Generation ist oder ganz allgemein für andere spricht... Allerdings ist es sehr gut möglich, daß dieser Aspekt der »Stimme einer Generation« in meinen Songs zu finden ist, denn in meinem tiefsten Inneren weiß ich, daß ich genauso bin wie alle anderen, und mir geht es vor allem darum, meine Gleichheit zum Ausdruck zu bringen und nicht meine Verschiedenheit.

1969

Dadurch, daß ich gelitten habe, bin ich da, wo ich jetzt stehe. Das Leiden hat mich gegen meine eigene Schwäche rebellieren lassen. Leiden macht einen stark. Nun aber, mitten in all meinem Leiden, weigere ich mich weiterzuleiden. Es ist immer noch da, aber ich weigere mich, darunter zu leiden... Sex ist immer das einzige gewesen, was mein Leid zu lindern vermocht hat. Ich mag Sex und die Frauen immer noch, aber jetzt aus anderen Gründen... Es ist falsch, mit anderen Mitleid zu haben. Es bestätigt sie nur in ihrem Leid... Es ist wirklich so, daß man durch Leiden lernt – man lernt, was man nicht tun soll. Was ich machen will, soll helfen, Leiden zu lindern.

1970

Ich denke, man wird meinen kommerziellen Erfolg einfach als eine interessante Kuriosität betrachten, und das war's dann auch schon.

1970

Meine Art Musik hat ihren Platz in der Gesellschaft, auch wenn sie nie die breiten Massen ansprechen wird. Sie ist mir eine Zuflucht, und das kann sie auch für andere sein. Darin besteht ihre Funktion für mich: Zuflucht zu bieten. Aber sie ist keine Alltagskost.

1972

Ich versuche nie, [meine Lieder] absichtlich zu verrätseln oder die Leute vor den Kopf zu stoßen. Aber ich kann verstehen, daß es mit der wörtlichen Lesart, die an den Schulen gelehrt wird, manchmal schwierig ist, an meinem Werk Gefallen zu finden.

1972

Es ist nicht so, daß ich die Macht, die meine Berühmtheit oder meine Lieder mir möglicherweise verleihen, bewußt einsetzen würde. Ich habe kein politisches Programm. Ich habe keine politische Identität. Ich habe ja kaum eine persönliche Identität.

1972

Ich wollte einfach nur diese eine Platte machen und damit ein großes Publikum erreichen. Ich habe die Lieder, die ich geschrieben hatte, nicht als meine Privatsache angesehen, sondern fand, daß sie für ein Publikum bestimmt waren. Ich wußte, daß sie für ein Publikum bestimmt waren. Aber dann kam alles anders. Es hat mehrere Jahre gedauert, die Leute zu erreichen, und plötzlich mußte ich mich mit dem Musikmarkt beschäftigen und mit meiner Karriere, was ich alles nie gewollt hatte. Es hat nicht so geklappt, wie ich es vorgehabt hatte. Ich hatte gedacht, es würde über Nacht klappen.

1973

Mein einziger Ehrgeiz ist es, zu überleben, geistig lebendig zu bleiben und nicht einzurosten… und eine Million Dollar zu verdienen!

1973

Ich laufe nicht herum und suche Freude. Ich laufe auch nicht herum und suche die

Melancholie. Ich hab kein Programm. Ich bin nicht auf einer archäologischen Forschungsreise.

1974

Diese Geschichte, daß meine Songs traurig oder melancholisch wären, hab ich jetzt wirklich schon sehr oft gehört. Kann schon sein, daß da was dran ist, und über sein eigenes Naturell weiß man selbst sowieso nie wirklich Bescheid. Man interessiert sich immer dafür, was andere von einem denken, und ich bin mir bewußt, daß viele Leute eben das von mir denken... Ich hab mal von einem Mädchen aus einer Stadt in Deutschland einen Brief bekommen, und der war mit das Bewegendste, was ich je gelesen habe. Sie schrieb von ihrem Freund, der an Krebs gestorben war und der daraus Trost geschöpft hatte, daß er sich immer und immer wieder meine Songs anhörte. Meine Songs sind vielleicht von der Form oder der Stimmung her melancholisch, aber sie sollen niemanden deprimieren. Ganz im Gegenteil, ich weiß, daß sie in manchen Fällen sogar den umgekehrten Effekt haben können.

1974

Ich hab mich nie gefragt, ob ich nun ein Optimist oder ein Pessimist bin. Es gibt Bereiche, in denen ich das Schlimmste erwarte, und es gibt Bereiche, in denen ich das Beste erwarte, und oft sind das beidesmal dieselben Bereiche.

1974

Ein Pessimist ist jemand, der darauf wartet, daß es regnet. Aber ich bin schon durchnäßt bis auf die Knochen.

1993

Es sind in den letzten Jahren immer mal wieder Leute angekommen, deren Kritik darauf hinauslief, daß meine Musik schwach sei. Sie sagten: »Du bist ein hervorragender Texter, aber die Musik ist schwach.« Ich hatte nie diesen Eindruck. Ich finde, die Musik ist nicht schlecht, sie ist ziemlich subtil, und ich habe mich nie bloß für einen Dichter gehalten, der seine Texte mit Musik begleitet. Ich finde, daß Musik und Text eine Einheit bilden, und wenn die Songs einfach und reduziert sind, dann ist das Absicht. Es liegt nicht daran, daß ich bloß drei oder vier Akkorde kennen würde.

1974

Ich hänge nicht allzusehr an meinen Tugenden.

1974

Ich hatte nie das Gefühl, mit Musik begonnen zu haben, weil ich nie das Gefühl hatte, überhaupt von ihr getrennt zu sein. Ich kannte Leute, die sangen, und ich spielte schon Gitarre, als ich dreizehn oder vierzehn war.

1977

Ich lasse mich gerne darüber aus, daß ich in diversen Bereichen unterschätzt werde.

1979

Es ist tatsächlich so, daß ich mir oft Sorgen mache. Ich habe keine Ahnung, ob meine Fähigkeit, mich zu sorgen, stärker ausgeprägt ist als die anderer Leute. Vermutlich nicht. Außerdem werden häufig Ernsthaftigkeit und Depression miteinander verwechselt. Ich bin nun mal gern ernst. Ernst zu sein macht mich ruhig und entspannt.

1979

Was mein Innenleben angeht, bin ich extrem konservativ. Autorität, Disziplin, Routine – das sind die Dinge, die mich glücklich machen. Ich brauche Ordnung.

1980

Ich wüßte eigentlich nicht, als was ich mich bezeichnen sollte. Manchmal habe ich den Eindruck, daß ich als Sänger nicht sonderlich viel tauge. Manchmal finde ich mich gut, das wechselt. Es kann im Laufe eines Tages sehr oft wechseln.

1985

Nur wer nicht religiös ist, muß beten. Ich stehe mir selbst sehr nahe, und so kann ich aus zuverlässiger Quelle mitteilen, daß ich nicht religiös bin.
1985

Ich stand schon immer außerhalb. In Montreal hat mich meine Mutter im Winter immer nach draußen in den Schnee geschickt. Sie hat mich sehr warm angezogen und dann einfach rausgeschickt. Ich konnte nicht rein, und die Winter in Montreal waren bitterkalt. Und ich hatte so 'nen Red-River-Wintermantel an und einen roten Schal und eine Bommelmütze, ich war im Schnee gut zu erkennen. Sie konnte mich vom Küchenfenster aus sehen, aber sie hat mich einfach nicht reingelassen. Ich glaube, sie wollte mich nicht in ihrer Nähe haben.
1985

Wenn Sie ein Bewerbungsformular ausfüllen – sagen wir mal eine Bewerbung für den »Columbia-Platte-des-Monats-Club« oder sonstwas Erfundenes –, und Sie kommen zu der Zeile »Beruf«, was schreibt Leonard Cohen in das leere Feld?
Sünder.
1985

Wenn es mich reitet, halte ich mich manchmal für den Führer einer Exilregierung.
1985

Ich habe mich selbst nie so [als einen Dichter] bezeichnet... Das ist eine Krone, die ich nie getragen habe.
1985

Ich denke, wer tanzen will, für den ist meine Musik nicht das Richtige. Wir kennen die verschiedensten Stimmungen... Wer also Lust auf Reggae hat... der sollte nicht meine Platten auflegen.
1985

Meine Freunde finden, daß ich eine Stimmungskanone bin.
1985

Anfang und Mitte der sechziger Jahre gab es in Amerika so etwas wie einen Umbruch im gesamten kommerziellen Sektor. Dabei haben sich Risse aufgetan, und ich glaube, wenn diese Risse nicht gewesen wären und ich nicht durch einen von ihnen hätte hineinschlüpfen können, dann hätte wahrscheinlich kein Mensch je etwas von mir gehört. Aber damals haben sich neue Möglichkeiten eröffnet, und es gab ein reges Interesse an allen Arten von Musik.

1985

Ich hab jetzt ungefähr so lange durchgehalten wie ein Volvo. Von dem heißt es, er hält ungefähr dreiundzwanzig Jahre.

1985

Ich habe mit nichts und niemandem je Kompromisse geschlossen – außer mit meiner eigenen Begabung.

1985

Singen würde ich vor jeder [politischen] Partei. Nur dazugehören möchte ich zu keiner.

1985

Mir sind ein paar bedauerliche Geschichten über Leute zu Ohren gekommen, die eine regelrecht psychopathische Vorliebe für meine Musik entwickelt haben. Ich glaube, jeder Sänger, der mit seinen Liedern in die Tiefe geht, kennt solche traurige Geschichten. Ich persönlich bekomme eher das Gegenteil zu hören. Zum Beispiel: »Dein Song hat mir durch eine schlimme Zeit geholfen« oder: »Dein Buch hat mir durch eine schlimme Zeit geholfen.«

1985

Im Grunde meines Herzens halte ich mich für einen Sänger. An guten Tagen halte ich mich für einen Stilisten.

1985

Ich wurde vor der Blue-Jeans-Generation geboren, also bin ich mit Anzügen groß geworden. Den größten Teil meines Lebens habe ich dunkle Anzüge getragen, und ich fühle mich in ihnen wohl. Vielleicht liegt es daran, daß ich so lange in Griechenland gelebt habe, wo die Männer der Insel zu offiziellen Anlässen oder wenn sie in die Kirche gehen, meistens ihren guten schwarzen Anzug anziehen. Es hat keine religiöse Bedeutung. Ich bin auch Maler und arbeite gern in Schwarzweiß. Das ist einfach meine Ästhetik, ich mag es lieber schlicht. Wenn ich ein wirklich hübsches buntes Hemd finden könnte, würde ich es vielleicht anziehen.

1985

Die Entscheidung, Sänger zu werden, um meine finanziellen Probleme zu lösen, scheint mir im nachhinein der Gipfel der Dummheit.

1986

(Antwort an einen japanischen Touristen, der ihn bei den Dreharbeiten am »Take This Waltz«-Promo-Video fragte, ob er nicht ein berühmter spanischer Schauspieler sei:)

Nein, ich bin ein berühmter Niemand.

1986

Wenn etwas an meiner Kunst unverständlich ist, dann kann es niemand erklären. Nicht einmal ich.

1987

Ganz klar, die haben meinen Namen im Computer, und jedesmal wenn man auf eine bestimmte Taste drückt, spuckt er »Düsternis«, »Verzweiflung«, »Depression« und »Melancholie« aus. Es wird langsam ein bißchen langweilig. Aber ich habe mich an dieses Etikett gewöhnt.

1988

Wir werden alle von der Muse geküßt... Ich sehe mich weniger als Künstler denn als jemanden, der künstlerisch arbeitet. Jemanden als Künstler einzustufen ist Sache der anderen. Vielleicht bin ich ein Künstler, vielleicht auch nicht, ich weiß es nicht. Aber ich weiß, daß es eine ungeheure Menge

Arbeit und Schweiß kostet, einen Song fertig zu kriegen.
1988

Ich kann von mir sagen, daß ich die Dinge nehme, wie sie sind. Ich habe zwar alle möglichen moralischen Schwächen, aber... Neid auf andere Künstler gehört nicht dazu. Würde mir morgen jemand sagen, daß ich singen könnte wie Ray Charles, dann würde ich mich über dieses Glück freuen. Aber ich bin zufrieden mit dem, was ich habe.
1988

Ich hatte einfach das Bedürfnis, den Drang, auf mich aufmerksam zu machen, mich auszudrücken...
1988

Die Psychiatrie ist so eine Sache, in die ich kein großes Vertrauen habe. Mich hat es auch mal zu einem Psychiater verschlagen, und zu dem hab ich gesagt: »Hören Sie, ich will nicht über meine Mutter reden. Ich will einfach nur die Pillen. Ich hab gehört, daß es bei Ihnen Pillen gibt, die helfen.« Er hat mir ein paar Pillen gegeben, und eine Zeitlang haben sie auch geholfen. Dann halfen sie irgendwann nicht mehr, und ich hab sie weggeworfen. Ich hab geglaubt, ich würde vor die Hunde gehen. Nach dem vierten oder fünften Tag lag ich im Bett und dachte: »Ich kann nicht mehr«, und eine leise Stimme kam von irgendwoher und sagte: »Das mußt du auch gar nicht mehr.« Von da an ging's mir langsam wieder besser.
1988

Für mich war Selbstmord nie ein Thema, aber ich hab ein paar Leute gekannt, die Selbstmord begangen haben, nicht viele. Da haben Leute, die ich kannte, so schlimme Qualen gelitten, daß sie einfach nicht mehr weiterwußten. Das hat mich sehr getroffen.
1988

Jetzt weiß ich, was ich bin. Ich bin kein Romanschriftsteller. Ich bin nicht das

Licht meiner Generation. Ich bin nicht die Stimme einer neuen Lebenshaltung. Ich bin ein Songwriter, der in L. A. lebt.

1988

Mein Lebensstil hat sich nicht besonders verändert. Ich hab zum Beispiel schon immer nur ein Zimmer mit einem Tisch und einem Stuhl gebraucht, und viel mehr will ich da auch gar nicht drin haben. Meine Wohnung hat also mehr oder weniger immer gleich ausgesehen, egal, wo ich war.

1988

Ich verdanke so vielen Menschen so viel, daß ich unser aller Geduld mit einer langen Rede über Dankbarkeit und die Unmöglichkeit der Schuldentilgung strapazieren müßte, wollte ich auflisten, wo überall ich im Laufe meiner Karriere Schulden angehäuft habe. Ich habe mich von dem Tonfall, der hier Einzug gehalten hat, nicht beirren lassen – ich hatte schon die Befürchtung,

Ehrengast bei einem Gedenkgottesdienst zu sein. Aber auch wenn der Teufel es liebt, uns einen Strich durch die Rechnung zu machen, so hoffe ich doch, noch ein oder zwei neue Songs singen zu können, bevor der Vorhang fällt.

Ein paar Leute, die es gut meinten, aber falsch lagen, sagten zu mir: »Na ja, es wird aber auch Zeit, daß sie dir endlich diese Auszeichnung geben.« Ich möchte jedoch betonen, daß das Wohlwollen, die Freundlichkeit und das Timing der Academy über jeden Vorwurf erhaben sind. Wäre mir diese Aufmerksamkeit mit sechsundzwanzig zuteil geworden, wäre mir die ganze Sache zu Kopf gestiegen. Mit sechsunddreißig hätte sie mich vielleicht darin bestärkt, den etwas morbiden spirituellen Weg, den ich eingeschlagen hatte, weiterzuverfolgen. Mit sechsundvierzig hätte sie mir meine nachlassenden Kräfte vor Augen geführt und mich dazu verleitet, mich unter irgendwelchen Vorwänden drücken zu wollen. Aber mit sechsundfünfzig – verdammt noch mal, ich komme gerade so richtig in Fahrt, und da kann diese Auszeichnung bei mir überhaupt keinen Schaden anrichten!

Ich möchte diejenigen grüßen, die vor mir an dieser Stelle gestanden haben – die Bewohner der Hall of Fame –: Guy Lombardo, Oscar Peterson, Hank Snow, Wilf Carter, The Diamonds, The Crewcuts, The Four Lads, Glenn Gould, Neil Young, The Band, Paul Anka, Gordon Lightfoot, Joni Mitchell und Maureen Forrester. Lediglich zwei geniale Frauen sind in diesem illustren Aufgebot männlicher Berühmtheiten vertreten, was mich auf den Gedanken bringt, daß es in der Hall of Fame wohl schwer sein wird, ein Rendezvous zu bekommen.

Aber ich weiß schon: Mit der Hall of Fame ist es wie mit New York City, man will sie nur besuchen, aber nicht dort leben, und jeder Soldat weiß, daß man sich nicht mit seinen Orden ins Bett legt. Ganz oben auf meiner Dankesliste stehen diejenigen von euch, die meine Lieder in ihr Leben hineingelassen haben. Ihr laßt sie in eure Küchen herein, wenn ihr Geschirr spült, in eure Schlafzimmer, wenn ihr werbt und empfangt, ihr laßt sie in eure Nächte des Verlusts und der Verwirrung hinein und in die Winkel eurer Seele, in die wohl nur ein Lied zu dringen vermag. Vor jener plötzlichen, sonderbaren und geheimnisvollen Intimität, die zwischen uns entstanden ist, neige ich meinen Kopf in Dankbarkeit.

März 1991
(Cohens Dankrede anläßlich seiner Aufnahme in die Juno Hall of Fame.)

Ich werde zu Unrecht dafür gescholten, humorlos, depressiv und mürrisch zu sein. Ich will nicht deprimieren, sondern nur auf meinen Standpunkt aufmerksam machen... Ich bin wahrscheinlich einer der wenigen Songwriter, die Witze in ihre Lieder einbauen und damit durchkommen. Ich bringe Zeilen mit rein, die die Spannung lösen, so daß alles halb so schlimm erscheint... In meinen Liedern gibt es jedenfalls mehr zu lachen als in *The Lady In Red* [sic] oder in einem dieser »Rettet die Regenwälder«-Songs. Soviel ist sicher.

1992

Ich habe meinen Ruf, immer schrecklich ernst zu sein, wirklich nicht verdient. In England nennen sie mich »Laughing Len« [lachender Leonard]. Es hieß immer, bei meinen Platten sollten die Rasierklingen gleich mitgeliefert werden.

1992

Ich hab immer in dem bedrückenden Bewußtsein gelebt, daß es keine leichte Sache ist, Licht und Schatten erfolgreich zu meistern. Es ist meine Bestimmung, mich mit diesem Problem herumzuschlagen. Aber ich hab hin und wieder auch mal ordentlich was zu lachen gehabt.

1993

Die Helden der einen Generation sind die Clowns einer anderen. Die Kunst der einen ist der Kitsch der anderen. Ich war schon mal Kitsch, jetzt bin ich wieder Kunst.

1993

Ich hab 'ne ganze Menge ausprobiert, um mir meinen Lebensunterhalt zu verdienen, meistens um für die Menschen sorgen zu können, die von mir abhängig waren. Ob da jetzt noch was Neues auf mich zukommt, weiß ich nicht. Aber es kann sich alles auf einen Schlag ändern, und plötzlich findet man sich als Taxifahrer wieder. Das ist im Laufe der Geschichte schon vielen passiert.

1993

Es ist sehr gefährlich, sich selbst als Dichter zu bezeichnen. Ich sehe mich einfach als einen Songwriter, der in L. A. lebt, und als so 'ne Art Pseudopoet – so hat Serge Gainsbourg sich selbst bezeichnet. Das gefällt mir.

1994

Es ist mir gelungen, einem bestimmten Prinzip treu zu bleiben: Ich wollte nicht arbeiten, um bezahlt zu werden, sondern ich wollte für meine Arbeit bezahlt werden.
1995

Man weiß, ob man zum Hochsprung taugt oder nicht. Ich bin in gewisser Hinsicht ein Langstreckenläufer, das weiß ich, irgendwelche Sprints werde ich nicht gewinnen... Wenn meine Gesundheit mitmacht, werde ich wohl dabeibleiben und erkunden, was mein bescheidenes bißchen künstlerische Inspiration noch so hergibt.
1995

Ich hatte nie ein besonderes Talent dafür, mein Leben zu improvisieren, obwohl ich lange Zeit ein improvisiertes Leben geführt habe.
1997

Die »schönen Verlierer« laufen immer noch da draußen herum. Und ich bin immer noch einer von ihnen.
1997

Ich hab nie eine wirklich passende Beschreibung für mich selbst gehabt. Jede Beschreibung ist okay. Ich bin ein Songwriter, der mal in L. A. gelebt hat.
1997

Herr Cohen, Sie sind gerade 68 Jahre alt geworden und gelten als Kultpoet...
Ich glaube, die Bezeichnung »Kultpoet« besagt lediglich, daß sich meine Platten schlecht verkaufen. Oder hat schon irgend jemand Michael Jackson als Kultpoet bezeichnet?
*die tageszeitung, 13./14. 10. 2001

Es mag erstaunlich klingen, aber irgend etwas quält mich sehr. Ich weiß auch nicht, was, und das ist für viele Menschen nur schwer nachvollziehbar. Sie sagen: Was hat der Mann zu jammern? Er verdient viel Geld und hat ein erfülltes Sozialleben. Dem kann ich nur entgegnen, daß die Erforschung mentaler Leiden nicht sehr fortgeschritten ist. Der große

amerikanische Dichter Charles Bukowski sagte: »Jeder Mensch leidet auf seine Weise, aber keiner so sehr wie die Armen.« Das ist auch wahr.
Der Spiegel, 1. 10. 2001

Lange Abschnitte meines Lebens habe ich unter Depressionen gelitten. Ich habe diese Verdüsterungen der Seele auf alle Arten bekämpft, die mir zu Gebote standen. Ich versuchte, sie mit Religionen, mit Drogen, mit der Kunst, mit dem Suff oder mit den Frauen zu besiegen. Mit allen konventionellen Therapiemöglichkeiten. Der Erfolg war meist bescheiden.
Focus, 17. 9. 2001

Reue ist ein sinnloser Luxus ... Ich habe im Laufe meines Lebens schon sehr viele Pfade beschritten, die sich am Ende als Sackgassen erwiesen.
Rolling Stone (D), 10/2001

Ein Großteil meines Lebens hat sich darum gedreht, gegen meine Depressionen anzukämpfen. Aber in meinen Augen gab es eigentlich gar nichts, weswegen ich hätte deprimiert sein müssen, und das war irgendwie...
Deprimierend?
Ja [lacht].
Euroman 9/2001

Es ist irgendwie unangenehm, ständig über sich selbst reden zu müssen. Man merkt, daß man nie die Wahrheit sagt, selbst wenn man es will. Ich will nicht unbedingt die Wahrheit sagen, und ich weiß auch nicht, ob es überhaupt richtig ist, sich anderen zu offenbaren.
Euroman 9/2001

Erwähnt man den Namen Leonard Cohen, dann gibt es nur zwei Reaktionen – Begeisterung oder Ablehnung. Ihre Gegner finden Sie vorwiegend deprimierend. Können Sie das nachempfinden?
Ich kann beide Positionen verstehen. Ich sehe mich genauso.
Die Zeit, 4. 10. 2001

Leben und Erleben

In den Sechzigern

Die Sechziger, so wie wir sie in Erinnerung haben, waren ungefähr fünfzehn Minuten im Jahre 1967. Die Medien und Kommerzmacher haben das Ganze schnell an sich gerissen. Auch gut. Für mich war's kein großer Verlust, als sich alles änderte, denn ich hatte nicht soviel in die Sache investiert, daß ich nun mittellos dagestanden hätte.

1988

Ich hab die Erfahrung gemacht, daß mein Lebensstandard drastisch gesunken ist, als ich anfing, Geld zu verdienen und bekannt zu werden. Als ich noch kein Geld hatte, lebte ich in einem hübschen weißen Haus auf einer griechischen Insel. Ich konnte in allen Läden anschreiben lassen und hab mir nie über Geld Gedanken gemacht. Ich bin jeden Tag geschwommen, war braungebrannt, und alles war ganz einfach und unproblematisch. Als dann das Geld kam, hab ich mehr und mehr Zeit in New York zugebracht, mehr und mehr Zeit in Taxis und in Flugzeugen und unter anderen unangenehmen Bedingungen. Ich führte so 'ne Art Maulwurfsexistenz – wie es eben ist, wenn man eine Platte mischt und nie das Tageslicht sieht. Alles, was man zu sehen bekommt, ist das Mischpult eines Aufnahmestudios. Echter Luxus besteht darin, an einem schönen Ort zu sein, wo die Luft klar ist und man schwimmen kann.

1974

In den Siebzigern

Es gibt viele Leute, die meinen, daß das Jüngste Gericht schon begonnen hat, und ich glaube, daß das in gewisser Hinsicht stimmt und daß wir lieber ehrlich sein sollten. Ich glaube, Dylan spricht es in einem seiner Songs an – »Let us not speak falsely now/For the hour is getting late« [Machen wir einander also nichts vor/Denn es ist schon spät]. Die Leute spüren, daß wir am Ende angelangt sind, und das ist nicht die geeignete Zeit dafür, jemanden zum besten zu halten.

1972

Einer der Gründe, warum es Kriege gibt, ist, daß die älteren Männer so die Möglichkeit haben, die jüngeren abzuschlachten, damit es kein Gerangel um die Frauen gibt. Oder um ihre Machtposition.

1974

Ich muß meinen Lebensunterhalt verdienen, und da ich eine Menge Verträge mit bereits geborenen und noch ungeborenen Menschen geschlossen habe, muß ich Geld verdienen wie jeder andere, um meiner Verantwortung nachzukommen. Außerdem wird es zu einer Herausforderung an sich, eine Platte zu machen. Das ist genauso, wie ein Buch rauszubringen oder ein Gedicht zu schreiben. Da gibt es eigene Gesetze, das Ganze hat seine eigene Dynamik, und der muß man versuchen, Herr zu werden.

1974

Es ist so etwas Unwirkliches, mit Liedern Geld zu machen. Es ist absolut sonderbar, besonders am Anfang. Da schreibt man ein Liebeslied, und plötzlich bringt es einem Geld und Kreditkarten und Linienflüge und erschafft eine eigene materielle Welt, wie man sie zuvor noch nicht kannte und nach der es einen eigentlich auch nicht groß verlangt hätte. Ich habe schon vorher gewußt, was ein angenehmes Leben ist. Ich komme aus gesicherten Verhältnissen.

1974

Mir ist deutlich bewußt, wie die Jahre verstreichen. Ich glaube, das Verstreichen der Jahre erzeugt eine gewisse Verzweiflung, die einem die Kraft gibt, eine Menge Dinge zu tun, die man in jüngeren Jahren nie getan hätte... Ich glaube, man macht sich auch viel weniger Gedanken darüber, was die Leute von einem denken.

1974

Jeder hier... ist ein Opfer der Kommerzialisierung des Lebens. Bestimmt bin auch ich nicht davon verschont geblieben, aber eins kann ich doch von mir behaupten: Ich bin zwar vom Geld in Versuchung geführt worden, und ich bin auch vom Ruhm in Versuchung geführt worden – ich glaube nicht, daß es jemanden gibt, der von diesen Versuchungen verschont geblieben ist –, aber ich bin mir sicher, daß ich keine Songs gemacht habe, nur um auf dem Musikmarkt abzuräumen.

1976

Ich finde, ab einem gewissen Alter macht es sich einfach nicht gut, immerzu depressiv zu sein. Vielleicht ist es okay, wenn man zwanzig ist, aber wer will schon einen selbstmordgefährdeten Zweiundvierzigjährigen?

1976

In den Achtzigern

Ich glaube, herausragende Qualität ist der einzige Maßstab.

1982

Ein Held ist, wer jeden Tag zur Arbeit geht und für seine Familie sorgt. Der ganz normale Familienvater. Ich glaube, heutzutage ist es ein heroisches Unterfangen, die Dinge zusammenzuhalten.

1982

Ich habe nicht das Gefühl, alles besser im Griff zu haben als mit zwanzig. Wahr-

scheinlich ist eher das Gegenteil der Fall. Ich merke, daß mir die Zeit langsam knapp wird. Die besten Jahre liegen hinter mir, und ich will meine Arbeit so gut wie möglich machen. Ich will jetzt einfach nur noch mein Werk zum Abschluß bringen.
1984

Ich bin froh, fünfzig zu sein. Die Polizisten sagen »Sir« zu mir, und in den Bussen bieten mir ältere Damen ihren Platz an.
1984

Was man mit fünfzig vor allem spürt, ist eine gewisse Kraft – die Kraft, weiterzumachen. Man fühlt sie sehr stark. Mit dem Älterwerden entwickelt man eine tiefe innere Leidenschaft, und die ist von großem Lebenshunger begleitet.
1985

Verzweiflung ist nicht meine vorherrschende Stimmung. Ich glaube, ich bin zu alt, um traurig zu sein.
1985

Wenn man zu fünfzig Prozent erfolgreich ist, dann ist man ziemlich gut, und ich glaube, das ist so ziemlich alles, was man sich erhoffen kann. Man wird älter, und man begreift, daß die Fehler, die man macht, Konsequenzen haben. Das ist das einzige, was man mit dem Alter lernt. Was nicht heißt, daß man die Fehler jetzt vermeidet, man weiß nur, daß man für sie bezahlen muß.
1985

Es gibt etwas Heiliges auf dieser Welt, auch wenn... sie voller Schlächter und Mörder ist, voller Erdbeben und Hungersnöte und aller möglicher sonstiger Katastrophen... Und es gibt Leute, die jetzt aufstehen, um sich für dieses Heilige stark zu machen.
1985

Mein Freund Irving Layton, ein großer kanadischer Dichter, spricht gern vom »unausweichlich hundeelenden Alterwerden« – aber ich bin immer noch gut in Schuß.
1985

Uns allen rotiert das Herz im Leibe, und unser Herz bestimmt unser Leben, und wir versuchen einfach, uns irgendwie in der Welt zurechtzufinden. Die Politiker haben ihre Antwort. Die Theologen haben ihre Antwort. Die Theoretiker und die Physiker haben ihre Antwort. Aber ich habe keine Antwort, außer der, daß ich liebend gern noch ein paar Lieder schreiben möchte. Das Herz hat wenig Grund zu jubeln. Es steckt voller Niederlagen, und es gibt so viele Momente, in denen man glaubt, nicht mehr weiterzukönnen. Und wenn diese Momente durch ein Lied artikuliert werden – und das gilt für alle Lieder, nicht nur für meine –, dann liegt da Ruhe drin und Melancholie, und es geht einem gleich sehr viel besser.

1985

Je intimer, je persönlicher und konkreter ein Lied ist, desto mehr Menschen erkennen sich darin. Das liegt daran, daß wir uns alle sehr ähnlich sind, besonders im emotionalen Bereich.

1988

Die meiste Zeit befinden wir uns mitten in einem Drama, das wir selbst geschrieben haben und in dem wir den Helden spielen. Im großen und ganzen ist es ein sehr trauriges Drama, denn der Held erlebt eine Niederlage nach der anderen.

1988

Würde man jemand x-beliebiges am Kragen packen und ihm die entscheidenden Fragen über sich selbst stellen – »Was bist du? Wer bist du? Was machst du hier? Wohin gehst du?« –, ich glaube nicht, daß irgendwer darauf befriedigende Antworten wüßte. Ich weiß nicht einmal, ob es unsere Bestimmung ist, Antworten auf diese Fragen zu finden.

1988

Es ist schwer, eine klare Linie zu entwickeln, besonders in diesem vom Zufall bestimmten Leben. Im Gegen-

satz zu Wordsworths Formulierung hatte ich nie den Eindruck, mir mein Leben »in Muße wiedervergegenwärtigt« zu haben. Mir kommt es eher so vor, als sei das Leben ein einziger Fronteinsatz, und man hat wirklich nicht allzuviel Gelegenheit, große Pläne zu machen.
1988

Ich habe mich nie als einen religiösen Menschen betrachtet, denn ich habe, besonders mit zunehmendem Alter, religiöse Menschen kennengelernt... wirklich religiöse, wirklich spirituelle Menschen. Und ich bin keiner von ihnen.
1988

Ab einem gewissen Punkt kann ich mich einfach nicht mehr an die Gefühle erinnern, die mit früheren Zielen in meinem Leben verbunden waren.
1988

In den Neunzigern

Angeblich beginnen die Gehirnzellen, die für Ängste verantwortlich sind, im mittleren Alter abzusterben. Es gibt also etwas, worauf ihr euch alle noch freuen könnt.
1991

Jedes Zeitalter hat seine Weisheit, und in allen frühen Weisheiten tauchen Vorstellungen von einem glanzvollen Ende auf, von einem Verbrennen in Schönheit. Keine schlechte Sache.
1992

Ich war immer der Meinung, daß den unterschiedlichen Lebensaltern bestimmte Ausdrucksweisen entsprechen: der Jugend das Schwärmerische, den mittleren Jahren das Nachdenkliche, dem Alter das Grüblerische. Wahrscheinlich ist an diesen Zuschreibungen auch was Wahres dran, aber letztlich ist es nicht die Wahrheit. Wenn man älter wird, kann man sogar eine viel größere Leidenschaftlichkeit entwickeln. Sobald man seine Gedanken aus ihrem lästigen und einengenden Korsett befreit hat und seinen Gefühlen ihren Lauf läßt, wird eine besondere Art Energie freigesetzt.

1992

Als ich 1975 oder 1976 in *The Gipsy Wife* über die Dunkelheit und die Flut sang... meinten die Leute: »Was jammerst du da? Was soll diese apokalyptische Szenerie? Wovon redest du überhaupt?« Nun ja, jetzt ist das Stirnrunzeln jedenfalls nicht mehr so heftig, wenn ich sage, daß die letzten Tage gekommen sind, daß wir in der Zeit der Finsternis und der Sintflut leben [»these are the final days, this is the darkness, this is the flood«].

1993

Wenn man mit jungen Leuten zu tun hat, muß man ihnen schon eine Menge von ihrem Quatsch durchgehen lassen, denn es gibt einfach sehr viele Dinge, die sie nicht wissen.

1993

Mein alter Lehrer [Roshi] hat mal gesagt: »Je älter man wird, desto einsamer wird man und desto innigere Liebe braucht man.«

1993

Es gibt sehr viele Sachen, die man nicht mehr schluckt, wenn man älter wird. Ich finde, wenn man alt ist, steht es einem durchaus zu, ein Griesgram zu sein. Statt mit allem möglichen Unfug Geduld haben zu müssen, will man mit einfachen Worten gesagt bekommen, was Sache ist.

1993

Wir leben in einer auf ewig unvollkommenen Welt... Es gibt keinen Ausweg, aber darin liegt auch ein Trost... Daher sollten wir den Trost weniger in einer Heilung der Wunde suchen oder darin, daß wir die richtige medizinische Behandlung oder die richtige Religion finden. Es gibt so etwas wie eine Weisheit der Ausweglosigkeit: Die Ausweglosigkeit ist das Los des Menschen, und der einzige Trost besteht letztlich darin, sie anzunehmen.

1993

Wir stehen nun wieder am Beginn einer neuen Weltordnung, was auch immer es mit dieser neuen Version des »Age Of Aquarius« [Zeitalter des Wassermanns] auf sich haben mag. Es ist ja ganz nett, wenn die Leute eine neue Zeit der Brüderlichkeit feiern, aber ich hab die Dinge schon immer etwas anders gesehen.

1994

Im Zentrum unserer Kultur befindet sich ein gekreuzigter Mann, ein gequälter Mensch, der an einem hölzernen Kreuz hängt; im Zentrum unserer spirituellen Erkundungen steht ein Bild der Gewalt. Aber vielleicht ist unsere Kultur heute einfach schäbig geworden. Vielleicht liegt es daran, daß ich über sechzig bin, wenn ich überall diesen Eindruck habe.

1995

[Das Altwerden] ist das einzige Spiel, das im Moment läuft. Leider verleidet es einem 'ne Menge anderer Spiele, die einem lieb geworden sind. Sich zu verlieben zum Beispiel. Schließlich gibt es nichts Unpassenderes als einen alten Mann, der die Frauen anbaggert.

1997

Es sind lausige Zeiten, und eigentlich können weder Literatur noch Musik der gegenwärtigen Krise Ausdruck verleihen. Ich habe den Eindruck, daß wir eine Sintflut erleben, wir befinden uns mitten in einer Flut von biblischen Ausmaßen. Es ist eine Flut, die die Außenwelt, aber auch die Innenwelt der Menschen betrifft. Im Moment wirkt sie in unserem Innern am verheerendsten, aber sie greift auch auf die wirkliche Welt über. Und in dieser Flut, die solch ungeheure, biblische Ausmaße hat, klammert sich jeder auf seine Art an sein Orangenkistchen oder sein Stückchen Holz, und so treiben wir in diesem über alle Ufer getretenen Strom aneinander vorbei – in einem Strom, der schon so ziemlich alle Weg-

marken mit sich gerissen und uns praktisch alles genommen hat. Und unter diesen Umständen bestehen die Leute immer noch darauf, sich als »liberal« oder »konservativ« zu definieren. Es kommt mir völlig verrückt vor.
Buzz 4/1998

Das Älterwerden ist eine spannende Sache, ein Prozeß mit unvorhersehbarem Verlauf, voller angenehmer und unangenehmer Überraschungen ... Es stimmt, daß ich früher mal zu Selbstmordgedanken neigte und immer wieder mit schweren Depressionen zu kämpfen hatte. Aber das kommt mir inzwischen alles sehr weit weg vor.
Times of India, 7. 2. 1999

Im neuen Jahrtausend

Ist es schwierig, im Alter von 67 Jahren wieder mitten im jugendlichen Popmarkt aufzutauchen?

Über solche Dinge denke ich nie nach. Ich hatte immer ein überschaubares Publikum in vielen Ländern, das an Themen und Problemen interessiert ist, die nie ein Massenpublikum ansprechen. Junge Journalisten – vor allem in Amerika und Kanada – mögen es nicht besonders, wenn man Ernsthaftigkeit oder »Betroffenheit« zeigt, das ist mir aufgefallen. Für mich ist das nachvollziehbar. Ich habe oft gesagt, man müßte den Mut finden, an der Oberfläche zu bleiben. Mir ist diese Haltung des »Was soll's« nicht fremd.
*Die Zeit, 4. 10. 2001

Es sind nicht wir, die das Stück schreiben, es sind nicht wir, die es auf die Bühne bringen und Regie führen, wir sind nicht einmal die Schauspieler ... Jeder gelangt irgendwann zu der Erkenntnis, daß sich die Dinge nicht genauso entwickeln, wie man sich's gewünscht hätte, und daß das Ganze letztlich unergründlich ist.
Toronto Globe and Mail, 1. 9. 2001

Ob es noch Hoffnung gibt? Der Song selbst ist ein Zei-

chen der Hoffnung, trotz all der schlimmen und schrecklichen Dinge, die wir in den Nachrichten sehen. Daß Menschen unter diesen Umständen ihre Stimme erheben – nicht nur ich, sondern auch viele andere. Allerdings glaube ich nicht, daß man wirklich Hoffnung haben muß oder daß man pessimistisch sein muß. Ich glaube auch nicht, daß man eine klare Position einnehmen muß. Keine Position zu haben bedeutet auch, eine gewisse Freiheit zu haben. Genau das ist wohl der Grund, warum ich dem Typus Politiker gegenüber mißtrauisch bin.
ABC, 22. 7. 2001

Es ist zu spät, um deprimiert zu sein.
France-Inter (Radiointerview), 27. 6. 2001

Ich hab kürzlich einen alten Freund besucht [Irving Layton], er war Professor in Montreal. Jetzt ist er neunzig und lebt in einem Altenheim. Er hat mich gefragt: »Leonard, hast du festgestellt, daß dein sexuelles Verlangen nachläßt?« Ich antwortete: »Ja, ein bißchen schon.« Darauf er: »Ich bin erleichtert, das zu hören.« Dann fragte ich, wann es denn bei ihm angefangen hätte nachzulassen. »Na ja«, meinte er, »so mit fünfzehn, sechzehn vielleicht.« Ich fand das eine klasse Antwort.
El Mundo, 26. 9. 2001

Es geht mir gut im Frühling meines Alters. Tennessee Williams sagte einmal, das Leben sei ein ziemlich gut geschriebenes Theaterstück – bis auf den dritten Akt. Ich stehe noch am Anfang des dritten Aktes, kann also die Erfahrungen der ersten beiden Akte bei bester Gesundheit und geistiger Klarheit genießen, habe genügend Geld, das mir Sicherheit gibt, und Freundschaften, die vieles leichter machen. Aber das Ende des dritten Aktes – davon reden wir lieber nicht.
**Die Zeit, 4. 10. 2001*

Zen

Ich bin eine Zeitlang Schüler eines alten japanischen Herrn gewesen, und gelegentlich gehe ich immer noch zu ihm. Zufällig ist er Zen-Lehrer, aber wenn er in Heidelberg Physik lehren würde, dann würde ich in Heidelberg Physik studieren. Was zählte, war nicht die Lehre, sondern der Mensch. Weißt du, entweder verliebt man sich in jemanden, oder man verliebt sich nicht. Und sich zu verlieben ist die einzige Möglichkeit, etwas zu lernen, und ich habe mich eben in diesen alten Mann verliebt. Ich liebe ihn noch immer...

Wenn man mit jemandem zusammen ist, den man liebt, kann man sich in seinem Tun völlig frei fühlen. In seiner Gegenwart bin ich also frei, und weil ich mich frei fühle, kann ich mich selbst kennenlernen. Es gibt ein paar wenige Menschen, die kein Urteil über andere fällen. Wenn man mit so einem Menschen zusammen ist, kann man sich ganz natürlich verhalten. Und indem man sich frei und natürlich verhält, kann man entdecken, wer man wirklich ist. Man fängt vielleicht sogar an, sich selbst zu mögen, denn der Grund, warum es uns schlecht geht, ist, daß wir uns selbst nicht mögen. Wenn man also mit jemandem zusammen ist, der kein Urteil über einen fällt, der einen mit völliger Freiheit umgibt, dann kann man irgendwie loslassen, irgendwie unbekümmert sein. Und möglicherweise merkt man dadurch, daß man gar kein so schlechter Kerl ist, und man fühlt sich gleich wesentlich besser. So sollte meiner Meinung nach Unterricht aussehen: Man muß seinem Schüler einfach diese umfassende Freiheit geben.

1985

Hin und wieder verziehe ich mich in ein Kloster [Mount Baldy Zen Centre in der Nähe von Los Angeles], bleibe ein oder zwei Monate, und nehme am Leben der Klostergemeinschaft teil – normalerweise dann, wenn ich wieder einmal so durcheinander bin, daß ich wirklich nicht mehr weiter weiß. Dann gehe ich einfach an so einen Ort, um mich dort zu beruhigen.

1988

Denken Sie daran, Buddhist zu werden?
Nein, auf keinen Fall. Das ist das letzte, was ich mir vorstellen könnte. Buddhisten tragen gelbe Kleider und rasieren sich die Schädel.

1988

Ich war innerlich immer sehr gefestigt und ausgeglichen, doch dann hab ich mit der Zen-Meditation angefangen. Es hat die Einheit meines Ich zerstört und meinem Leben jede Richtung genommen. Ich würde jedem davon abraten, sich auf eine derart strenge geistige Disziplin einzulassen.

1988

Ich hatte eigentlich nie wirklich das Gefühl, ein Zen-Schüler zu sein. Ich habe es auch nicht als Suche nach einer neuen Religion empfunden. Ich war mit meiner Religion ganz zufrieden. Also ist es wohl etwas anderes gewesen.

1993

Es gibt praktizierende Juden in der Zen-Bewegung. Ich denke nicht, daß sich das unbedingt ausschließen muß, das hängt davon ab, welche Position man einnimmt. So wie es mein Lehrmeister dargestellt hat, gibt es da keinen Konflikt, denn im Zen gibt es keine fromme Anbetung, und die Frage nach Gott wird gar nicht gestellt.

1994

Nach fünfundzwanzig Jahren hat Roshi es mehr oder weniger aufgegeben, mir irgendwas beibringen zu wollen. Vor ein paar Jahren hat er zu mir gesagt: »Ich hab nie versucht, dich zu meiner Religion zu bekehren. Ich schenke dir einfach nur Sake ein.« Unsere Beziehung besteht inzwischen also zu einem großen Teil darin, Trinkkumpane zu sein.

1993

Ich habe nie beabsichtigt, mir eine neue Religion zuzulegen... [Roshi] hat mir einfach die Möglichkeit gegeben, jenen Tanz mit dem Herrn zu tanzen, den ich anderswo nicht tanzen konnte.

1994

Es ist gefährlich, zu glauben, [im Zen] sei die Erlösung zu finden. Wer das erwartet, begibt sich einfach nur in eine Religion, die ausgesprochen streng ist, während es doch sehr gute Religionen gibt, die nicht so rigoros und streng sind, zum Beispiel das Judentum oder das Christentum. Wer sich für ein derart hartes Leben interessiert, kann genausogut gleich Soldat werden und zu den Marines gehen. Der Witz ist, daß die Anhänger des Rinzai Zen die Marines der spirituellen Welt sind. Es macht alles einen ziemlich fanatischen Eindruck. Und man wird hart rangenommen. Aber wer damit anfangen will, weil er die Erlösung sucht, sollte es lieber sein lassen. Da gibt es bessere, lohnendere Praktiken.

1993

Es tut gut, im Höllenfeuer seiner eigenen Qualen zu schmoren. Eine ganze Menge von all der Scheiße scheint wirklich wegzubrennen.

1993

Man lebt eine Art Klosterleben, wie früher im Pfadfinderlager. Die Gebäude sind richtig romanisch, mit Steinmauern. Es ist ein schönes

Leben. Wir stehen morgens um drei auf und schaufeln uns einen Weg durch den Schnee zur Meditationshalle. Es ist wirklich super. Alles ist bestens. Es könnte nicht schlimmer sein.

1994

Mein Lehrer hat mich nie aufgefordert, Buddhist zu werden. Er hat mir beigebracht, wie man Rémy Martin von Courvoisier unterscheidet. Das war eine der ersten Sachen, die ich von ihm gelernt habe. Und er hat mir das Trinken wirklich gut beigebracht.

1995

(Im August 1996 erhielt Leonard Cohen die Weihe zum buddhistischen Mönch und nahm den Namen Jikan, »der Stille«, an.)

In gewisser Hinsicht ist man isoliert, aber eigentlich habe ich mich nie in meinem Leben weniger isoliert gefühlt. Im bürgerlichen Leben macht man die Tür hinter sich zu, schaltet die Glotze an und reißt 'ne Dose Bier auf, da ist man wirklich allein.

1997

[Jikan] ist der Name, den Roshi mir gab – er wollte einen Namen, der a) auf den Menschen zutrifft und b) nicht unbedingt Anlaß zu Überheblichkeit gibt; er wollte verhindern, daß sich Mitglieder »klarer, fließender Fluß« nennen. Allerdings bin ich mir nicht sicher, ob er meinen Namen auch wirklich so gemeint hat. Sein Englisch war nicht gerade das beste, daher konnte man nie wissen, ob er das auch richtig übersetzte.

*die tageszeitung,
13./14. 10. 2001*

Warum haben Sie sich überhaupt auf den Mount Baldy zurückgezogen?

Ich bin mit der buddhistischen Gemeinschaft dort schon seit dreißig Jahren verbunden und habe dort regelmäßig eine oder auch mehrere Wochen verbracht. Aber nach meiner Tournee im Jahr 1993 hatte ich das Gefühl, es

sei Zeit, der Sache den richtigen Ernst zu geben. Ich näherte mich dem sechzigsten Geburtstag und mein Lehrer im Kloster dem neunzigsten. Also wurde ich erst Vollzeitstudent und dann Mönch.
Der Spiegel, 1. 10. 2001

Natürlich ist das strenge Reglement darauf ausgerichtet, dich zu besiegen, dich dahin zu bringen, daß du aufhörst, über dich selbst nachzudenken. Nach einiger Zeit denkst du nur noch an Essen, Arbeit und Schlaf. Das ist eine Erleichterung, denn du mußt nicht mehr über Sachen nachgrübeln, die in der Tat ziemlich unwichtig sind und die dir nur Angst und Kopfzerbrechen bereiten. Das Ganze ist über mehrere Jahrtausende entwickelt worden und ist ein effektives Mittel, Ablenkungen auszuschalten und einen Raum zu schaffen, wo man in Ruhe leben kann. In der Alltagswelt findet man so was nur schwer.
1997

Die meisten Leute haben die Vorstellung, Meditation müsse ein Ziel haben, sie wollen irgendwo hingelangen. Die von mir praktizierte Art von Meditation geht dagegen davon aus, daß man bereits am Ziel ist, man will einfach die Wirklichkeit, die man ohnehin in sich trägt, auch äußerlich umsetzen. Man versucht also nicht, frei zu werden oder irgendwo anzukommen. Man versucht einfach, zu sein, was man wirklich ist.
1997

Die Leute, die hierherkommen, plagen sich mit einer Menge Fragen, für die sie keine Antworten haben. Das ist ihr großes Problem. Und ich glaube – auch wenn ich das Ganze damit vielleicht allzusehr vereinfache –, es kommt eben mehr darauf an, die Fragen zum Verschwinden zu bringen, als Antworten zu finden. Man will einen Geisteszustand erreichen, der sich von all diesen Fragen befreit hat.
France-Inter (Radiointerview), 6. 10. 1997

Der Buddhismus ist anders als andere Religionen. Mir gefällt, daß es überhaupt nicht um Moral geht: Meditation ist ja nichts, was einem helfen würde, ein guter Mensch zu werden. Aber sie ist das wirksamste Mittel, das ich kenne, um dorthin zu kommen, wo ich immer hingewollt habe.
La Nazione, 25. 11. 1998

Es war ursprünglich ein Pfadfinder-Camp, das wohl nur im Sommer genutzt wurde. Da es mehr als 2000 Meter hoch liegt, herrschen niedrige Temperaturen. Man hat das Gefühl, das ganze Jahr über ist Winter. Während sich die Leute in Los Angeles einen Sonnenbrand holen, schaufeln wir da oben Schnee. Und da alles aus Holz ist, gibt es viel zu tun. Rohre reparieren, schreinern, anstreichen, reinigen, bauen, graben. Was nicht leicht ist, denn der Boden ist aus Stein. Granit ... Wir arbeiteten viel im Wald, dann wurde wieder meditiert, dann zurück zur Arbeit. Wer abends noch Energie hatte, konnte tun, was er wollte. Eine Weile lesen war aber oft alles, wozu man sich noch aufraffen mochte. Ich schlief manchmal schon ein, bevor ich mich zum Bett schleppen konnte. Drei, vier, fünf Stunden Schlaf, dann läutete die Glocke zur Versammlung.
*Rolling Stone (D), 10/2001

Die letzten Jahre oblag es mir, Roshis Essen zuzubereiten ... als Vater von zwei Kindern sollte ich in der Lage sein, ein Mahl zu bereiten. Für Roshi mußte ich mich allerdings schon deshalb umstellen, weil ein 90-jähriger Körper nicht mehr alles verträgt. Aber er aß gern, was ich kochte. Wenn nicht, war er zu höflich, es zu zeigen ... [Es gab] Tofu in allen Variationen. Und weil Roshis Ärzte es so wollten, gab es für ihn hin und wieder Fisch. Meine Spezialitäten waren Suppen und Gemüsegerichte ... Eine Zeitlang war ich zur Gartenarbeit eingeteilt. Sehr befriedigend, wenn man Zeuge wird, wie unter den eigenen Händen etwas wächst und gedeiht ... [Ich war] auch Roshis Chauffeur und hatte als solcher die Aufgabe, ihn zum Beispiel nach Los Angeles zu fahren, wenn er dort einen Vortrag hielt. Das hat mir dann für eine Weile gereicht, was das Zivilisatorische angeht. Gefehlt hat es mir nicht ...

Was hast du während des Klosterlebens am meisten vermißt?
Schlaf. Egal, welchem der Mönche dort du diese Frage stellst, die Antwort wird stets dieselbe sein: Schlaf ... Wecken [war] um drei Uhr. Ich stand oft etwas früher auf, wenn ich für Roshi Kaffee brühen mußte, so um halb drei.
*Rolling Stone (D), 10/2001

[Roshis] neundimensionale Modelle der Realität blieben für mich Rätsel. Es war seine Güte, seine Wärme und seine Freundschaft, die mir Halt gaben.
  Das Schöne an Menschen wie Roshi – und ich habe ein paar wie ihn kennengelernt – ist, daß dein Kopf aufhört, sich zu drehen, wenn du in ihrer Gesellschaft bist. Du stellst keine blöden Fragen, weil dir klar wird, daß es die Patentlösungen, die man dir vorgaukelt, nicht gibt. Andere Schüler empfinden diese Erkenntnis als sehr ernüchternd, ja als Niederlage. Ich empfand sie als äußerst entspannend, sie nahm diesen Druck von mir, den ich so lange gespürt hatte.
  *Rolling Stone (D), 10/2001

In Wahrheit bin ich dorthin gegangen, um etwas gegen die hartnäckigen Depressionen zu unternehmen, die mich mein Leben lang geplagt haben. Man könnte sagen, daß alles, womit ich mich beschäftigt habe – Trinken, Frauen, Musik, Religion, Meditation –, Teil eines Kampfes gegen diese Depressionen gewesen ist, die alle meine Aktivitäten begleiteten. Aber ganz allmählich ist auf dem Mount Baldy etwas mit mir geschehen, und meine Depressionen sind

verschwunden. Und sie sind seit zweieinhalb Jahren nicht wiedergekommen.
Spin 3/2002

Nach vielen Jahren der spirituellen Suche ist mir auf dem Mount Baldy die große Erleuchtung gekommen, und ich habe sie voller Freude und Dankbarkeit empfangen. Sie besteht darin, daß ich überhaupt kein Talent für das spirituelle Leben besitze. In diesem Wissen konnte ich mich völlig entspannen, das Kloster verlassen und wieder an meine normale Arbeit zurückkehren.
France-Inter (Radiointerview), 27. 6. 2001

Haben Sie Ihr Refugium verlassen, um sich wieder weltlichen Dingen wie einer neuen Platte zu widmen?
Nein, ich hatte einfach das Gefühl, es sei der richtige Zeitpunkt dafür gekommen. Also fragte ich meinen Lehrer um Erlaubnis. Aber ich wußte zunächst gar nicht, was ich mit mir anfangen sollte, und bin erst mal für einige Zeit nach Indien gereist ...

Werden Sie nun, nach der Veröffentlichung des neuen Albums, auf den Mount Baldy zurückkehren?
Keine Ahnung. Aber mein Lehrer besucht mich immer, wenn er Appetit auf eine gute Hühnersuppe hat. Die kann ich nämlich hervorragend zubereiten. Er probiert und strahlt dann: »This is good restaurant.«
*Der Spiegel, 1. 10. 2001

Schriftsteller

Einflüsse

Einflüsse – ich glaube, das läßt sich nur sehr schwer entwirren, denn man ist die Summe von allem, was man gesehen, gehört oder erfahren hat... Ich wurde durch die Bibel beeinflußt, durch Cervantes, durch die Klassiker... Natürlich bin ich auch sehr stark durch die französischen Schriftsteller Sartre und Camus beeinflußt worden, durch den irischen Dichter Yeats und durch die englischen Dichter, und natürlich hatten wir vor vielen Jahren auch in Montreal unsere eigene kleine Gruppe von Dichtern. Das waren alles sehr gute Leute, und einer ragte besonders heraus –

Irving Layton. Ich halte ihn für einen der besten Autoren der [englischen] Sprache.

1974

Ich stieß [1949] zufällig auf Federico García Lorca, und ich dachte, so will ich auch werden.

1985

Federico García Lorca war ein spanischer Dichter, der 1936 von Francos Guardia civil erschossen wurde. Er war der erste Dichter, der mich wirklich berührt hat. »I want to pass through the arches of Elvira/To see her thighs and begin weeping« [Durch die Torbögen Elviras will ich schreiten/will ihre Schenkel sehn und anfangen zu weinen].* Für mich war das die erste echte Literatur. Die Welt, die er zeigte, war eine Welt, die ich verstand, in der auch ich lebte. So wurde er also zum ersten Dichter, zum ersten Schriftsteller, der mich wirklich berührte.

1988

Das Schreiben

Nach der Beerdigung [meines Vaters] ging ich an seinen Schrank, nahm eine seiner Fliegen heraus und schnitt sie auf. Ich schrieb etwas für ihn auf ein Stückchen Papier, steckte es in die Fliege und begrub es im Garten hinterm Haus... Das war meine erste Begegnung mit jener Form von gehobener Sprache, die ich später als Poesie kennenlernte.

1993

Mein Schaffen ist einfach eine Art, die Welt zu regieren. Ich will einfach nur die Welt regieren. Es wäre an der Zeit, daß mal ein Verlierer die Welt regiert.

1970

Ich sehe nie einen Roman vor mir – seine Form, seine Struktur. Ich sehe nur einen Stapel weißes Papier, das ich mit Schwärze fülle.

1970

Ich fing an, Romane zu schreiben, weil ich die der anderen Leute nicht lesen konnte.

1970

Ich werde ganz und gar von meiner Kunst in Beschlag genommen. Ich gehe völlig darin auf, und nur so kann ich überhaupt etwas zuwege bringen.

1970

Mein Schreiben hat sich aus meinem Interesse an Folkmusik und an Folkmusiktexten ergeben. Ich hab die bei-

---

*Cohen bezieht sich hier auf die Schlußzeilen von Lorcas *Gacela del mercado matutino* [*Gasele vom Morgenmarkt*]: »Por el arco de Elvira/voy a verte pasar/para sentir tus muslos/y ponerme a llorar« [Durchs Tor von Elvira/möchte ich dich schreiten sehn/will deine Schenkel fühlen/und anfangen zu weinen]; A.d.Ü.

den Vorgänge, das Schreiben und die Musik, nie wirklich voneinander getrennt. Für mich war da immer so etwas wie eine unsichtbare Gitarre hinter meiner Prosa und selbst hinter meiner Lyrik. Aber was einen wirklich antreibt, ist das Bedürfnis, Bedeutung zu erlangen, das Bedürfnis, von seinen Freunden geliebt und bewundert zu werden. Frauen spielen eine wichtige Rolle. Wie mein Freund Irving Layton, der große kanadische Autor, einmal gesagt hat: »Die beiden Eigenschaften, die ein junger Dichter unbedingt mitbringen muß, sind Arroganz und Unerfahrenheit.« Und ich hatte beides im Überfluß.

1988

Wenn man nicht höchste Maßstäbe an sein Werk anlegt, wird es bedeutungslos.

1974

Ich habe mich nie für einen großen Schriftsteller gehalten – dazu zähle ich unter den Gegenwartsschriftstellern zum Beispiel Solschenizyn, und in der angelsächsischen Tradition Leute wie Yeats und die Meister der englischen Sprache, etwa Shakespeare oder Donne. Ich hab immer gewußt, daß ich keiner von ihnen war, und es ist auch nie mein Ehrgeiz gewesen. Ich hab immer die weniger bedeutenden Dichter gemocht. Leute wie... Robert Herrick und die ganzen Typen, die keine weltbewegenden Gedanken wälzten, sondern einfach nur über ihren eigenen kleinen Weltwinkel sprachen. Deshalb hab ich auch nie geglaubt, daß man mit einem Song die Welt verändern kann... Meine Erwartungen an die ganze Sache sind höchst bescheiden, und so empfinde ich es auch nicht als Niederlage, wenn meine Wirkung gering bleibt oder mein Werk nicht die Bedeutung erlangt, die es vielleicht haben könnte.

1977

Ich kenne das aus eigener Erfahrung – ich kann mich ein Jahr lang Tag für Tag an meinen Schreibtisch setzen, ohne

daß irgendwas passiert, und ein andermal braucht mir nur eine Kellnerin ein Sandwich in die Hand zu drücken, und tief in mir drin gerät etwas in Bewegung. Dann auf einmal öffnet sich alles, und es überkommt mich wie eine Erleuchtung.
1980

Ich denke nicht, daß Songs und Gedichte für mich je einander entgegengestanden haben oder daß ich sie gegeneinander abgewogen hätte. Es sind einfach zwei unterschiedliche Ausdrucksmittel. Etwas zu Papier Gebrachtes zu lesen kann einen ungeheuren Eindruck hinterlassen. Etwas, das man hört, packt einen wieder auf andere Art. Für mich stehen unterschiedliche Formen einander nicht entgegen.
1982

Wenn ich mit meiner Arbeit richtig zufrieden bin, nenne ich sie meine Berufung. Wenn ich mich ganz normal fühle, nenne ich sie mein Handwerk.
1984

Ich bin nicht glücklich, wenn ich nicht arbeite. Ich glaube, daß das jedem so geht.
1985

Romane schreiben ist wie Priester zu sein, man kommt im Grunde nie wieder davon los. Oder wie bei der Mafia – man kann nie wirklich aussteigen!
1988

Ich habe mir da nie großen Luxus erlauben können. Ich habe mich nie als jemand verstanden, der vor dem Tisch mit dem kalten Büfett steht und die Möglichkeit hat, zwischen Kaviar oder Hering zu wählen.
1985

Bei jedem Maler oder Sänger oder Schriftsteller, der mir heute noch etwas bedeutet, geht es mir so, daß ich die frühen Sachen genausogut finde wie sein späteres Werk. Ich brauche da gar nicht von mir zu reden. Ich glaube, wenn die Begabung da ist, dann zeigt sie sich schon sehr früh... Meistens meldet sich eine künstlerische Stimme recht früh im Leben eines Menschen.

1985

Ob etwas Dichtung ist oder nicht, hängt vom Urteil einer Generation ab, vom Urteil des literarischen Establishments. Man kann nicht vorsätzlich zum Dichter werden. Man kann es nicht zu seiner Absicht erklären, und es kann keine Berufung sein. Dichtung ist das, was andere Leute aus deinem Leben machen, aus deiner Art, dich auszudrücken. Ob meine Sachen nun Dichtung sind oder nicht, ist also ziemlich egal, wahrscheinlich ist es keine Dichtung. Wahrscheinlich gibt es in jeder Generation nur ein oder zwei Leute, die es zum Dichter bringen, und es sieht ganz danach aus, als wäre ich keiner davon. Vielleicht ja doch, ich habe immerhin ein paar Fans... Ich erhebe jedenfalls keinen Anspruch darauf.

1988

Es ist die eigene Arbeit, die den Maßstab für die Selbstachtung abgibt, es ist die eigene Arbeit, in der man seinen Charakter ausformt, es ist die eigene Arbeit, in der man die Welt filtert und versucht, sie wieder in Ordnung zu bringen. Ich glaube, ein Künstler braucht eine gewisse Hartnäckigkeit, eine bestimmte Fähigkeit, die es ihm ermöglicht, dranzubleiben. Woody Allen hat mal gesagt, daß das Leben zu achtzig Prozent daraus besteht, sich blicken zu lassen, und ich glaube, daß das stimmt. Wenn man also am Ball bleibt und zumindest über eine bescheidene Begabung verfügt, dann wird man es auch zu was bringen und schließlich ein respektables Lebenswerk hinterlassen.

1988

Ein großer Teil meines Schaffens dreht sich um die Frage, was angesichts der kommenden Sintflut ein angemessenes Verhalten darstellt. Ist es angemessen, über die Vereinigung Europas zu reden?

Was ist das richtige Gesprächsthema, und wie führt man echte Gespräche? Wie kann man sich unter solchen Umständen noch brüderlich grüßen – in einer Zeit, wo man nicht sicher sein kann, ob jemand gekommen ist, um einen zu umarmen oder um einem mit dem Baseballschläger eins überzuziehen? Man muß eine Wachsamkeit entwickeln, die es einem ermöglicht, die Dinge klar zu erkennen.

1992

Das Schriftstellerleben ist nie sonderlich spektakulär. Schon allein die Tatsache, daß der Schriftsteller jeden Tag mehrere Stunden an seinem Schreibtisch oder vor seiner Tastatur sitzt... verhindert, daß es auch in seinem wirklichen Leben dramatisch zugeht. Daher gibt es über mein eigenes Leben auch nur sehr wenig zu sagen.

1988

Ich mag es, wenn mein Zimmer sauber ist, wenn der Boden gewischt, mein Bett gemacht und der Tisch aufgeräumt ist.

1995

Ich hab versucht, [mit dem Schreiben] aufzuhören, aber ich bin da wie ein Bär, der einen Bienenkorb findet – er kann einfach der Versuchung nicht widerstehen, Honig zu stibitzen. So geht es mir ständig. Es ist köstlich, und es ist fürchterlich, und obwohl ich mich tolpatschig anstelle und mir alles wehtut, stecke ich bis über beide Ohren drin.

La Nazione, 25. 11. 1998

Für mich selbst war [Zynismus] nie eine akzeptable Haltung. Ich neige dazu, die Dinge eher amüsant zu finden oder ihnen ratlos oder verwirrt oder sonstwie gegenüberzustehen. Aber deswegen erniedrige ich mich doch nicht zum Zyniker. Egal, was passiert – schließlich sind wir doch alle Menschen.

The Toronto Star, 1. 8. 1999

[Ich] schreibe nicht, um das Chaos zu beherrschen, auf keinen Fall. Nein, denn wenn ich irgend etwas sicher weiß, dann, daß ich nicht die Fäden in der Hand habe.
The Toronto Star, 1. 8. 1999

Ihre Karriere begann mit zwei Romanen, die man heute der Popliteratur zurechnen könnte. Haben Sie nie daran gedacht, einen neuen Roman zu schreiben?
Erst vor kurzem habe ich überlegt, ob ich wieder schreiben soll. Ich konnte damals nicht vom Schreiben leben, deshalb fing ich an zu singen ... Aber ich verkaufte nicht genügend Platten, mußte also immer weiter singen. Jetzt könnte ich es mir leisten, ein neues Buch zu schreiben. Mal sehen.
*Die Zeit, 4. 10. 2001

Bloß weil man nicht so gut schreiben kann wie Shakespeare, heißt das noch lange nicht, daß man deswegen mit dem Schreiben aufhören sollte.
Euroman 9/2001

Die Gedichte und Romane

Jedes Buch markiert für mich einen neuen Wendepunkt. Ich hatte nie die Empfindung, daß ich mich zwischenzeitlich veränderte, sondern fand vielmehr, daß sich die Dinge um mich herum veränderten und ich nur anders darauf reagierte. Ich spürte nie eine wirkliche Veränderung. Ich merkte, daß die Seiten anders aussahen, manchmal war es Prosa, manchmal war es Lyrik...
1966

Let Us Compare Mythologies/Laßt uns Mythologien vergleichen (1956)

Mein erstes Buch wurde von der sogenannten McGill University Press veröffentlicht, aber eigentlich gab es gar keine McGill University Press. Ein Dozent für Literatur und ich hatten beschlossen, die McGill-Lyrikreihe ins Leben zu rufen. Wir haben ein paar Vorbestellungen zusammenbekommen, so daß es für die Druckkosten reichte, und dann haben wir das Buch auf dem Campus verkauft... Es war ein in jeder Hinsicht höchst bescheidenes Unternehmen, aber wir fanden es toll, und wir dachten, daß das zum Schriftstellerleben dazugehörte.
1988

The Spice-Box Of Earth/Die Gewürzdose der Erde (1961)

Ich fände es nicht gut, wenn diese Gedichte in einer zierlichen Schrift gesetzt wären.

Sie sollten groß und schwarz die Seite füllen. Sie sollten aussehen, als seien sie dazu gedacht, laut gesungen zu werden, denn genau dafür habe ich sie geschrieben.
1960

***The Favourite Game/
Das Lieblingsspiel* (1963)**

Es gibt viele Möglichkeiten, sich dem anderen zu offenbaren. Sexualität ist eine dieser Möglichkeiten, aber sie ist nicht die einzige. Kann sein, daß ich in *Das Lieblingsspiel* alles auf diese eine Karte gesetzt habe, denn damals war ich ein sexbesessener junger Mann. Aber heute empfinde ich das nicht mehr so.
1988

***Flowers For Hitler/Blumen für Hitler* (1964)**

Ich hätte diese Gedichte lieber gelesen als geschrieben.
1963

***Beautiful Losers/Schöne Verlierer* (1966)**

Für mich ist dieser Text in erster Linie ein Gedicht. Auf alle Fälle habe ich ihn so geschrieben wie ein Gedicht. Ich habe ihn auf die gleiche Art geschrieben, wie ich immer Lyrik geschrieben habe.
1966

Ich würde sagen, daß *Schöne Verlierer* ein Roman von der Erlösung ist, ein Versuch, die Seele zu retten.
1967

Ich schrieb *Schöne Verlierer* auf Hydra, als ich mich selbst für einen Verlierer hielt. Ich war echt total am Ende. Ich mochte mein Leben nicht mehr. Ich hab mir geschworen, entweder die Seiten mit Druckerschwärze zu bedecken oder mich umzubringen. Als ich mit dem Buch fertig war, fastete ich zehn Tage lang und klinkte völlig aus. Es war der wüsteste Trip, den ich je erlebt habe. Ich halluzinierte eine Woche lang. Man brachte mich in ein Krankenhaus auf Hydra. Eines Nachmittags war der Himmel schwarz vor lauter Störchen. Sie ließen sich auf den Kirchdä-

chern nieder und flogen am nächsten Morgen weiter. Und mir ging es besser. Da beschloß ich, nach Nashville zu gehen und Songwriter zu werden.
1967

Ich glaube, dieser Roman ist das Beste, was ich je zustande gebracht habe. Erzähltechnisch ist er ein Meisterwerk. Er wurde mit Blut geschrieben.
1970

Parasites of Heaven/Parasiten des Himmels (1966)

(Als Antwort auf die Frage nach der Herkunft einiger balladenähnlicher Gedichte:)
Ich glaube, dieses Buch ähnelt wohl mehr meinem ersten [*Let Us Compare Mythologies*]... Für mich sind alle [meine Bücher] irgendwie Teile eines einzigen Gedichts gewesen... Nur die Situation um mich herum hat sich verändert, und ich hatte andere Krisen zu meistern...
1966

Selected Poems 1956-1968 (1968)

(Auf die Mitteilung, daß er für seine neue Gedichtsammlung den Governor General's Award for Poetry erhalten sollte, antwortete Cohen mit folgendem Telegramm:)
»... vieles in mir strebt nach dieser Auszeichnung, aber die Gedichte selbst verbieten eine Annahme mit Entschiedenheit.«
1969

The Energy Of Slaves/Die Energie von Sklaven (1972)

(Zur Frage, warum jedem Gedicht die Skizze einer Rasierklinge vorangestellt wurde:)
Ich habe diese Gedichte als Gedichte ohne Titel geschrieben. Wir mußten irgendwie kenntlich machen, wo ein Gedicht aufhört und das nächste anfängt.
1973

Death Of A Lady's Man/ Letzte Prüfung (1978)

Vielleicht läßt sich nur über die eigene Ehe ein Zugang zu

diesem Buch finden. Deshalb glaube ich, daß ich dem Werk im Weg stehe. Wenn ich diesen Weg freimachen würde, durch meinen Tod oder einfach durch den Lauf der Zeit, könnte das Buch viel deutlicher wahrgenommen werden. Ich glaube, wenn Sie dieses Buch eines Tages zufällig in einem Antiquariat in die Hand bekommen würden, könnte es viel eher seine Wirkung entfalten.

1978
(Leonard und Suzanne waren gerade dabei, sich zu trennen.)

Book Of Mercy/Wem sonst als Dir (1984)

Nein, es ist keine Lyrik, es ist Gebet. Gebete, Psalmen...

1985

Ich habe nie etwas so Radikales gemacht, wie tatsächlich zu irgendeinem Glauben überzutreten. Aber es gibt Momente, da steht man stumm und mit dem Rücken zur Wand da, und die einzige Möglichkeit zu sprechen, die einzige Form von Sprache, die einem noch bleibt, ist die Sprache des Gebets.

1985

Ich hatte kein Buch im Sinn, und ich habe auch nicht versucht, eine literarische Form zu erfinden. Das sind Bittgesuche, und ich bin dazu erzogen worden, so klar und förmlich wie möglich zu sprechen, wenn ich vor den König trete.

1984

Für jemanden, der es nicht nötig hat, ist es völlig nutzlos.

1984

Stranger Music: Selected Poems and Songs (1993)

Ich habe versucht, jugendliche Verworrenheiten rauszulassen, Gedichte, die an der schwelgerischen Trunkenheit der Sprache krankten, Gedichte, die nicht wirklich überzeugten... Ich hoffe, daß meine Leser sich darin wiederfinden können, daß sie den Text von *Suzanne* lesen und sehen, wo sie selbst gerade stehen.

1993

Wann kommt das nächste Buch?

Ich bin gerade dabei, ein Buch fertigzustellen. Die letzten paar Monate ist das meine Hauptbeschäftigung gewesen ... Es ist einfach eine Zusammenstellung von Sachen, die ich über die letzten paar Jahre geschrieben habe ... neue schriftstellerische Arbeiten.
KCRW (Radiointerview), 18. 2. 1997

Im Moment schreibe ich über eine Sehnsucht nach der Zukunft – das *Book Of Longing* [Buch der Sehnsucht]. Aber mein Mönchsname ist Jikan, der Stille. Ich bin überzeugt, daß ich früher oder später einmal verstummen werde.
La Nazione, 25. 11. 1998

[*The Book Of Longing*] nimmt jetzt definitiv Gestalt an. Ich habe ungefähr hundert Gedichte zusammen, es könnte also schon nächstes Jahr fertig sein. Einige Gedichte sind so ähnlich wie die Sachen im *Book of Mercy*, andere stehen in Beziehung zu meinen Songs, und wieder andere sind ganz normale Lyrik. Aus irgendeinem Grunde schreibe ich im Moment gerade richtig viel – ich habe gelernt, es nicht weiter zu hinterfragen, wenn ich in einer Schreibphase bin.
The Toronto Star, 1. 8. 1999

Ich schreibe zur Zeit nicht wirklich an einem Buch, aber ich hab da einen Stapel Papier, der immer weiter wächst. Eine Ansammlung verschiedener Texte, mir fehlt eine Bezeichnung dafür. Manche sind einfach bloß Witze.

Witze über Mönche?
Ja, es sind ein paar dabei (lacht). Aber mit dem Publizieren hat es keine Eile ... Mein Fernziel ist es, wieder einen Roman zu schreiben. Das Leben eines Romanautors gefällt mir, es ist ein einsames und geordnetes Leben, mit der Herausforderung, täglich eine bestimmte Anzahl von Seiten zu Papier zu bringen. Ja, vielleicht werde

ich mich jetzt wieder der erzählenden Literatur zuwenden.

El Mundo, 26. 9. 2001

Songwriter

Einflüsse

Ich kann mich an meine frühen Einflüsse nicht erinnern. Ich glaube, ich habe von jedem geklaut, den ich gehört habe.
1971

Es gibt ein paar Ecken dieser Welt, wo ich mich gerne aufhalte, und ich stelle mir immer vor, daß die Landschaft auf meine Songs abfärbt.
1971

Es kommt mir so vor, als hätte mich alles, was ich je gehört habe, beeinflußt. Alles, was ich je gehaßt habe, hat mich beeinflußt, alles, wofür ich mich je begeistert habe, hat mich beeinflußt, und ich höre das alles aus meinen Sachen heraus, und es macht mich schier wahnsinnig.
1974

König David war ein Einfluß, Jesaja war einer, Joe Hill war einer... Pete Seeger war die weltliche Verkörperung eines bestimmten Ideals, das ich im Kopf hatte. Er ist ein Mann, dessen Musik und Leben ich sehr bewundere, aber ich kann nicht von mir behaupten, daß ich je Pete Seeger hätte sein wollen.
1988

Songwriting

Auf der musikalischen Ebene will ich Erstklassiges produzieren, auf der Textebene aufrichtig sein und den

Punkt treffen. Das sind meine einzigen Ziele.
1972

Wenn ich meine Gitarre in der Hand halte, brauche ich nur einen Akkord anzuschlagen, A-Dur zum Beispiel, und die Stimmung ergibt sich wie von selbst und erfüllt den ganzen Raum.
1972

Jeder, der Lieder schreibt, weiß, daß das nichts ist, was man selbst in der Hand hätte. Man ist das Werkzeug von etwas anderem.
1972

Ein Mann darf es nicht zulassen, daß sich etwas zwischen ihn und die Quellen seiner Lebensenergie stellt, ganz egal, wo er seine Lebensenergie hernimmt. Wenn er sie aus der Religion zieht, sollte er religiös bleiben. Wenn er sie im Glücksspiel findet, sollte er weiterspielen. Was mich betrifft... Die Ideen zu meinen Songs kommen mir dort, wo alles sehr einfach ist und wo viel Raum zwischen den einzelnen Ereignissen bleibt. Mit anderen Worten: Auf dem Land oder am Meer oder wenn ich mit ein oder zwei alten Freunden zusammen bin. Man muß eine Situation schaffen, in der man sich selbst nahe ist, denn nur so kann sich die Idee zu einem neuen Song einstellen.
1972

Für mich ist es wichtiger, erst mal die alten Erlebnisse zu verarbeiten, damit ich nicht einen Riesenberg neuer Erlebnisse vor mir herschieben muß.
1972

Der Song ist das sichtbare Überbleibsel. Es ist wie bei einer hell brennenden Flamme, wo die Asche sauber und rein ist wie Kohle. Alles verbrennt, und es bleiben keine Schlacken und unverbrannten Reste zurück. Wenn man also wirklich sein Leben auslebt, wenn man seine Erlebnisse bis zum letzten auskostet, dann bleiben als sichtbarer Rückstand nur die Songs und die Bücher. Ich will nicht, daß sie im Mittelpunkt

stehen, daß sich mein ganzes Leben nur um die Songs dreht. Ich möchte, daß die Songs übrigbleiben, daß sie den Niederschlag meines Lebens bilden.
1972

Ich brauche keinen Song zu schreiben, der *Give Peace A Chance* heißt. Ich könnte einen Song über Konflikte schreiben und ihn auf eine friedvolle Art singen, und es käme die gleiche Botschaft rüber. Ich mag diese Slogantexter nicht.
1973

Ich möchte etwas klarstellen: Ich vertone nicht meine Gedichte. Ich habe Songs geschrieben, die als Songs gedacht waren, und ich habe Gedichte geschrieben, die als Gedichte gedacht waren – Gedichte, die man in Büchern liest. Und ich habe auch einfach nur Musik ohne Text komponiert. Die Leute behaupten gerne, daß ich meine Gedichte vertone, aber das stimmt nicht.
1974

Ich schreibe meine Lieder nicht für irgendeine spezielle Gesellschaftsschicht, denn ich schreibe aus einer Erfahrung heraus, die dem innersten Kern so nahe wie möglich zu kommen versucht. Ich glaube, daß meine Lieder jeden, der sie sich anhört, erreichen könnten, aber die Konventionen der Kultur, in der wir leben, die Plattenpreise, die Preise der Konzertkarten – das alles führt ganz von selbst dazu, daß nur eine bestimmte Gruppe als mein Publikum übrigbleibt.
1974

Heutzutage brauche ich für einen Song vom Anfang bis zum Ende mindestens zwei oder drei Jahre. Daß es so lange dauert, ist aber noch kein Zeichen dafür, daß diese Lieder auch eine besondere Qualität haben. Es dauert einfach nur so lange.
1974

Ich glaube, daß meine Lieder für Kinder leicht verständlich sind. Selbst für Fünfjährige. Ich hab keine Ahnung, welche Altersgruppen sich meine Musik anhören, aber ich kenne mindestens einen fünfjährigen Fan meiner Songs... Wenn man die Fünfjährigen einfach meine Musik hören ließe, würde sie ihnen gefallen. Aber leider ist es so, daß die Leute sie ihnen vorenthalten. Sie denken, daß sie nur für Erwachsene und Heranwachsende geeignet ist.

1979

Songs sind das Ergebnis bestimmter Bestrebungen, und man gibt ihnen die Art von Begleitung, die sie brauchen. Das ist nichts Objektives, sondern ein organisches Geschehen. Der Song ergibt sich einfach, so wie er ist.

1982

Es gibt hin und wieder Songtexte, die als Gedicht in einem Buch stehen können, aber ich glaube, es gehört einfach zum Wesen eines Songs, daß er schnell vom Kopf ins Herz gehen und zugänglich sein muß. Was nicht heißen soll, daß ein Song banal zu sein hat, er kann schon komplex sein. Aber es muß etwas in der Sprache und der Musik sein, was schnell überspringt, während sich ein Text auf dem Papier nicht so schnell erschließen muß, weil da der zeitliche Rahmen ein anderer ist. Beim Lesen kann man wieder zu einer Zeile zurückgehen oder das Buch zuschlagen und sagen, »vergiß es«, und später wieder darauf zurückkommen. Es gibt viele Gedichte, die ich beim ersten Mal Lesen nicht verstanden habe und selbst beim fünften Mal Lesen noch nicht. Es gibt Gedichte, die ich erst zwanzig Jahre später verstanden habe. Aber das Wesen eines Songs ist eben, daß der Funke schnell überspringen muß. Also ist ein Songtext ganz anders angelegt.

1985

Wir Folksänger kommen manchmal auf die grandiose Idee, eine Symphonie oder etwas in der Richtung zu schreiben. In meinen schwärzesten Momenten war ich ein- oder zweimal selbst schon so weit.

1985

(Auf die Mitteilung hin, Bob Dylan habe erklärt, er hätte in Worten alles gesagt, was er habe sagen wollen, und werde sich in Zukunft ganz auf Instrumentalstücke konzentrieren.)

Morgens schnappe ich mir eine Tasse Kaffee und meine Gitarre und bemühe mich, meine bescheidenen Fertigkeiten in Schuß zu halten. Manchmal findet sich ein Akkordwechsel, der bei mir etwas auslöst, oder mir kommt eine gute Zeile in den Sinn. Meistens geht beides Hand in Hand, und es entsteht zumindest eine Strophe Text. Und dann kommt die lange Phase der Tischlerarbeit, wo man poliert, die Verbindungsstücke einpaßt und die Oberfläche glattschmirgelt. Und dann versteckt man die Nägel, streicht Holzkitt drüber, und schließlich lakkiert man das Ganze. Es ist ein langer Prozeß, bis der Song wie aus einem Guß ist,

und dann beginnt ein neuer Prozeß, wenn man ihn aufnimmt und ihn dann vor einem Publikum singt.

1985

Es stimmt, man hat mir vorgeworfen, für alle meine Songs auf allen meinen Platten nur eine Melodie und eine Begleitung geschrieben zu haben. Und ich meine, daß man diese Sicht auch durchaus vertreten kann. Allerdings glaube ich, daß ein Sänger immer nur ein oder zwei Songs hat. Die allergrößten Sänger haben vielleicht drei.

1985

Ich sehe mich oft als Journalisten... Wenn man nur ein paar wenige Anhaltspunkte hat, die man so klar und deutlich und wirklichkeitsgetreu wie möglich herauszuarbeiten versucht, dann ist das im Grunde eine journalistische Arbeit.

1985

Für einen Song braucht man wahrscheinlich zehn oder elf

Geschichten. Ich glaube, man muß auf das gesammelte Material aus einer Vielzahl von Erfahrungen zurückgreifen können, damit ein guter Song entstehen kann.
1986

Ich weiß nicht, wie man einen Song macht oder wo die Songs herkommen, sonst würde ich dort viel öfters hingehen.
1986

Ich würde sagen, daß ich meine Lieder für Leute schreibe, die sich in ähnlichen Notlagen befinden, wie ich sie durchmachen mußte. Ich glaube, daß das eine sehr große Gruppe von Leuten ist. Man könnte sie grob als die mit den »gebrochenen Herzen« zusammenfassen.
1988

Es gibt einen Punkt, wo das künstlerische Schaffen anfängt, einen ganz zu vereinnahmen, und alles andere keine Rolle mehr spielt. Zwischenmenschliche Beziehungen verkümmern allmählich,
Kontakte werden immer spärlicher, und man bleibt mit diesen Songs sitzen, die einem irgendwie immer mehr bedeuten...
1988

Es ist eine Qual. Manchen Leuten geht das Schreiben leicht von der Hand. Thomas Wolfe hat vierzigtausend Wörter pro Nacht auf seinem Kühlschrank geschrieben, und andere schreiben unvergleichliche Songs auf Taxirücksitzen. Ich habe immer auf solche Momente der Gnade gewartet, aber sie sind nie gekommen.
1988

Was ihr eigenes Leben angeht, haben Leute, die schreiben, häufig eine prophetische Ader. Beim Schreiben eines Songs dringt man oft in sehr tiefe Regionen vor, wo Mechanismen wirken, die noch nicht bewußt an die Oberfläche getreten sind. In dieser Hinsicht konnte ich im nachhinein also immer wieder feststellen, daß ich in meinen Songs viele Problemkomple-

xe, viele Veränderungen und Krisen vorweggenommen habe, lange bevor sie sich dann wirklich bemerkbar gemacht haben.
1988

Ich habe von anderen Songwritern gehört, daß es Augenblicke geben soll, wo man nur das Medium irgendwelcher flüchtigen Mächte ist, die den Song hervorbringen. Bei mir habe ich solche mysteriösen Prozesse allerdings nicht feststellen können.
1988

Ich habe ein paar Leute kennengelernt – Leute, die nicht als geistig normal gelten –, die behaupten, sie würden mir die Songs per Gedankenübertragung zusenden. Einer hat dafür doch tatsächlich einen Teil der Tantiemen gewollt. Ich hab das als Möglichkeit in Betracht gezogen, denn ich weiß wirklich nicht, wo die Songs herkommen. Schließlich arbeitet man jeden Tag mit mehr oder weniger der gleichen Hingabe, ohne daß auch jeden Tag etwas dabei herauskommt. Es braucht eine Menge Fleiß, und wenn man Glück hat, kriegt man den Song fertig.
1988

Ich habe nie einen Song geschrieben, von dem ich nicht wollte, daß er bei den Leuten ankommt. Es gab mal eine Zeit, wo meine Songs sehr populär waren. Die Zeiten haben sich geändert, und meine Popularität hat nachgelassen, jedenfalls in Nordamerika. Glücklicherweise hatte ich in Europa immer eine bescheidene Hörerschaft, die mir treu geblieben und sogar noch gewachsen ist, also gibt es für mich auch keinen Grund, die Rolle des nicht gebührend beachteten Genies zu beanspruchen. Das ist eine Rolle, in der ich mich nicht wohlfühle.
1988

Ich finde den Synthesizer sehr hilfreich, weil man damit Rhythmen und Baßlinien programmieren kann, und dadurch eröffnen sich einem Möglichkeiten, die man viel-

leicht nicht gehabt hätte, wenn man sich auf die eigene Virtuosität auf einem einzigen Instrument hätte beschränken müssen.
1988

Ich pflege zu sagen, daß sich meine Songs genausolange halten wie ein Volvo hält – ungefähr dreißig Jahre.
1991

Ich bin Miniaturenmaler. Ich versuche im Prinzip, das gleiche zu machen, was der Mikrochip gemacht hat: Ich versuche, eine Form zu finden, in der die tiefste Erfahrung knapp ausgedrückt werden kann, so daß ein Sechsminutenlied wie ein Roman sein kann und einen richtig in seine eigene Welt hineinzieht. Und ich glaube, allmählich krieg ich das auch hin.
1992

Das Wort »komponieren« deutet allenfalls an, was das für ein Prozeß ist... Es ist, wie im Abfall zu wühlen, es ist, wie auf Sand Ackerbau zu treiben, es ist, wie einen leeren Topf auszukratzen. Es ist ein Prozeß ohne jede Würde. Es ist eine ungeheuer armselige Tätigkeit.
1993

Ich glaube, irgendwann kommt der Moment, wo man sich mit seinem eigenen Tun konfrontieren muß, um sich darüber klarzuwerden, was man genau tut und wer man ist, und das fing bei mir um 1983 an, als ich *Various Positions* in Angriff nahm. Damals begann ich, mich mit einer ganz besonderen Hingabe jener tristen Beschäftigung zu widmen, die man Songwriting nennt.
1994

Welchen Song hättest du gerne geschrieben?
If It Be Your Will. Und ich habe ihn auch geschrieben.
1994

Ich bin schon immer der Ansicht gewesen, daß man sich erst mal klarmachen muß, worüber man spricht, wenn man sich über seine eigene

Stellung in diesem Spiel oder in dieser Tradition Gedanken macht und sich womöglich wunder was einbildet. Ich meine, es geht ja nicht bloß um Randy Newman, so toll er auch ist, oder um Bob Dylan, so überragend er ist, es geht auch um König David, um Homer und Dante, um Milton und Wordsworth... Ihren Beitrag, der uns unsere höchsten Möglichkeiten vor Augen führt, haben wir noch nicht gebührend zu würdigen gewußt... Ich mache mir nichts vor. Ich kenne das Spiel, in dem ich mitmische, ich kenne die Tradition, in der ich stehe. Ich sehe es als eine große Ehre an, akzeptiert worden zu sein, ganz gleich auf welcher Ebene. Und als ich das über Hank Williams schrieb, der im Turm der Lieder hundert Stockwerke über mir wohnt [»a hundred floors above me in the Tower of Song«], wollte ich damit keine falsche Bescheidenheit zur Schau stellen. Ich weiß, welchen Platz Hank Williams in der Geschichte des Popsongs einnimmt... Ich betrachte mich als einen sehr untergeordneten Autor. Mittlerweile habe ich ein bestimmtes Gebiet für mich in Besitz genommen, ich habe es besetzt und zu verteidigen versucht. Ich verwalte dieses winzige Gebiet, so gut ich kann, und ich werde es weiterhin tun, bis ich zu schwach dafür bin.

1994

Mir gefällt die Vorstellung, daß man ein Lied schreibt und es dann seines Weges geht und die Menschen vergessen, wer es geschrieben hat. Das Lied geht durch die Welt und verändert sich, und dann hört man es dreihundert Jahre später wieder, wenn ein paar Frauen ihre Kleider am Fluß waschen, und eine von ihnen summt diese Melodie.

Buzz 4/1998

Ich denke, daß [Michael Jackson] vielleicht mehr über Poesie weiß, als im allgemeinen angenommen wird. Es gibt schließlich unterschiedliche Auffassungen darüber, was Poesie ist. Für mich ist der Text von *Blueberry Hill* das Allergrößte, was je geschrieben wurde: »I found my thrill on Blueberry Hill« [Ich fand mein Glück auf dem Blaubeerhügel (C.B.)] – und dann die nächste Zeile: »The moon stood still on Blueberry Hill« [Still stand der Mond über dem Blaubeerhügel]. Das hat doch die Qualität eines japanischen Haikus! ...

Ich hatte schon immer eine Vorliebe für Reime. Diese Form bringt nicht nur ästhetische Vorteile mit sich. Eine meiner Lieblingszeilen auf meinem neuen Album heißt: »I don't trust my inner feelings. Inner feelings come and go« [Ich verlasse mich nicht auf meine innersten Gefühle, denn innerste Gefühle kommen und gehen (C.B.)]. Auf diesen Satz bin ich allerdings nur deshalb gekommen, weil die Zeile davor »I know that I'm forgiven, but I don't know how I know« lautete [Ich weiß, daß mir vergeben wird, aber nicht, woher ich das weiß] und ich etwas brauchte, das sich auf »know« reimt. Man ist durch die Zwänge des Reims genötigt, sich intensiver mit den Worten und letztlich auch mit deren Qualität auseinanderzusetzen.

**die tageszeitung, 13./14. 10. 2001*

Sind die melancholischen Lieder und Gedichte, die Sie schreiben, eine Art von Selbsttherapie?
Vielleicht. Schreiben ist für mich vor allem immer Arbeit gewesen ... Ich mußte mich für alles leider ausgiebig quälen. Und das Problem ist: Je länger man über etwas grübelt, desto schlechter wird es meistens.

**Der Spiegel, 1. 10. 2001*

Ich wäre gern ein schneller Autor und effizienter Songschreiber. Wir alle wollen schnell und effizient sein, und dann entdecken wir, daß wir langsam und mittelmäßig sind. Was für eine Enttäuschung! Daß sich mir ein Lied zur Gänze erschließt

und öffnet, setzt eine ausgedehnte Kraftanstrengung voraus, die jedes vernünftige Maß überschreitet. *Alexandra Leaving*, einen der stimmigsten Songs auf meinem neuen Album, begann ich 1985 auf Hydra. Die ersten Entwürfe verschwanden wieder in der Schreibtischschublade, bis ich sie Ende der Neunziger wieder entdeckte und bearbeitete. Im Frühjahr dieses Jahres wurde der Song fertig, von den unzähligen ursprünglichen Strophen sind nur neun geblieben.
**Focus, 17. 9. 2001*

Er bewegt sich zwischen diesen Polen. Jeder Song gewinnt seine Dynamik aus dem Wechsel zwischen Öffentlichem und Persönlichem.
**Die Zeit, 4. 10. 2001*

Ich registriere ... kleine Schübe von Arbeitseifer bei mir. Eine insgesamt freundlichere Disposition, was musikalisches Schaffen betrifft.
**Rolling Stone (D), 10/2001*

Die autobiographischen Bezüge werden im Alter stärker und zugleich schwächer ... Das »Ich« ist immer eine Maske. Manchmal ist die Maske sehr dünn, manchmal ganz dick. Je älter du wirst, um so dünner und zugleich dicker wird sie. Und du spürst genauer als früher, wann und wo es wichtig und notwendig ist, daß du entweder völlig offen bist oder die übliche Maske aufsetzt. Das gleiche gilt für einen Song:

Die Lieder und Platten

Je älter sie werden, desto mehr kann ich mich mit ihnen anfreunden. Ich kann ihnen viele ihrer Schwächen vergeben.

1972

***Songs Of Leonard Cohen* (1968)**

Als ich [1967] das erste Mal ins Studio ging, hatte John Hammond vier oder fünf fantastische New Yorker Studiomusiker für mich organisiert. Diese Aufnahmen hatten viel Schwung, aber ich hab die ganze Zeit vor allem auf das geachtet, was die Musiker machten. Es war das erste Mal, daß ich mit einer wirklich fähigen Band spielte, und das hat mich irgendwie eingeschüchtert. Ich wußte eigentlich überhaupt nicht, wie ich mit einer Band singen sollte – mit wirklich guten, professionellen Musikern, die so richtig loslegten. Ich hörte also mehr den anderen zu, als mich auf das zu konzentrieren, was ich machte. Einfach weil sie soviel besser waren als ich...

Es herrschte so 'ne kirchenähnliche Atmosphäre im Studio, mit Kerzen, vielleicht brannten sogar Räucherstäbchen... Und ich fragte John, ob er nicht vielleicht einen Spiegel besorgen könnte. Er schien das überhaupt nicht seltsam zu finden... In Montreal hab ich mir nämlich immer vorgestellt, ich würde eines Tages mal Sänger werden, und ich hab mich beim Singen vor den

Spiegel gestellt, um zu sehen, wie ich wirkte.

1986

Das Bild auf der Rückseite ist ein religiöses Bild aus Mexiko, die »Anima Sola«, also der »einsame Geist« oder die »einsame Seele«. Es stellt den Triumph des Geistes über die Materie dar.

1970

Suzanne
Dieses Lied hätte genausogut auch jeden anderen Namen tragen können, denn was die Gitarre spielt, gab es schon, bevor ich auf den Namen der Frau gekommen bin. Die Frau von 'nem Freund von mir heißt Suzanne, und die hat mich wirklich mal zu sich in ihre Wohnung am Fluß eingeladen, in der Nähe vom Sankt-Lorenz-Strom. Es gab Tee, ich glaube, es war »Constant Comment«-Tee, eine Teemischung mit Orangen, und ich genoß es, ihr Gast zu sein. Die erste Strophe ist also mehr oder weniger ein Tatsachenbericht. Und weil Montreal eine religiöse Stadt mit einer Vielzahl von Symbolen aller großen Glaubensbekenntnisse ist, hat sich dann die Strophe über Jesus ergeben, und schon waren wir am Fluß angelangt. Die letzte Strophe schließlich versuchte, irgendwie diese Aufmerksamkeit und Anteilnahme zu charakterisieren, die man sich als Mann von einer Frau wünscht.

1986

Ich wußte, daß es ein Lied über Montreal war, es schien förmlich aus einer Stadtansicht hervorzugehen, die ich ganz besonders gern hatte – der Hafen und das umliegende Viertel und die Seemannskirche dort, Notre Dame de Bon Secours, die über dem Fluß thront. Und ich wußte, daß sich oben auf der Kirche »Unsere liebe Frau vom Hafen« befand, die Madonnenfigur, die ihre Arme den Seeleuten entgegenstreckt, man kann zum Turm hinaufsteigen und über den Fluß hinausschauen. Aus diesem Bild also ist das Lied hervor-

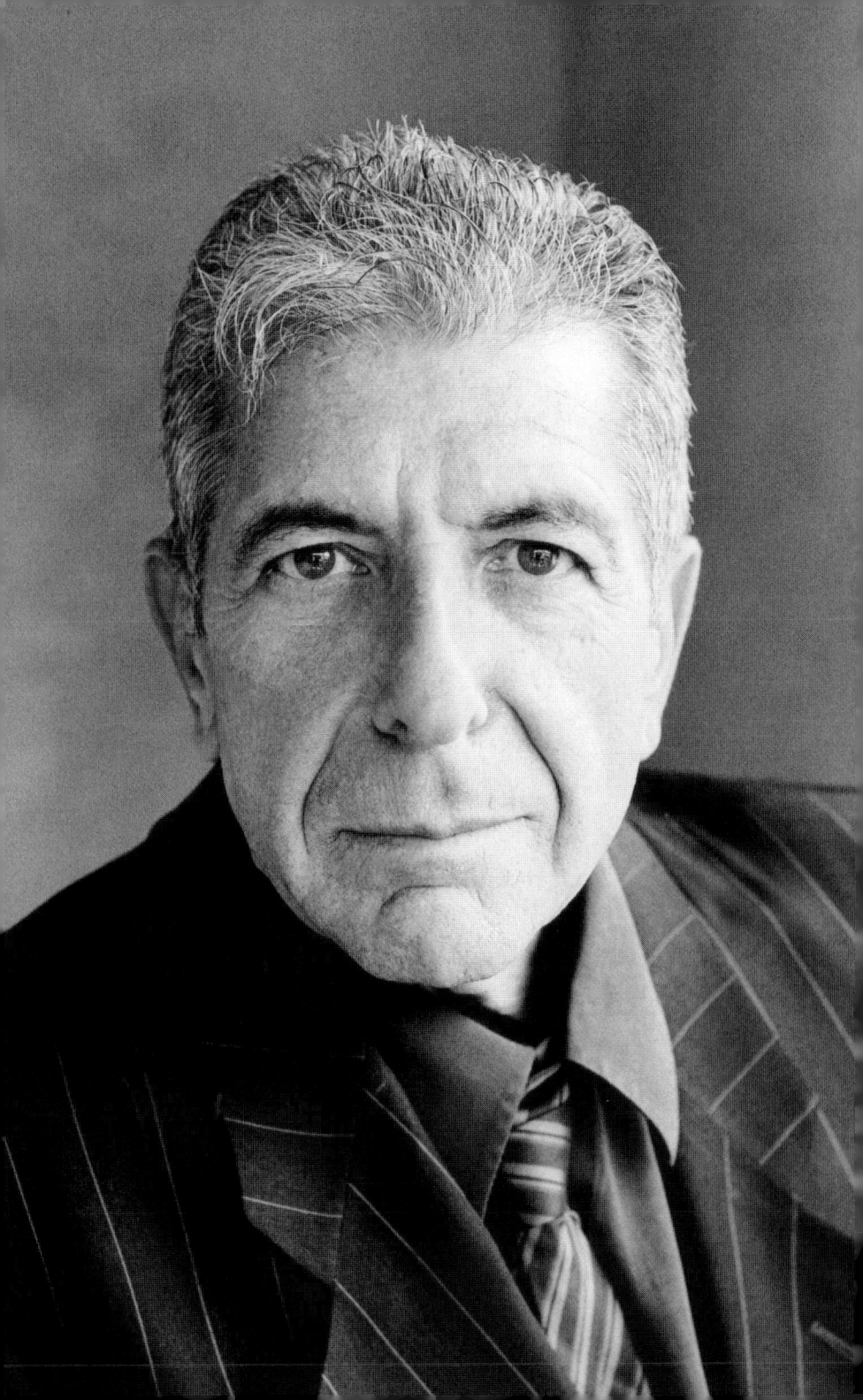

gegangen, aus diesem Ausblick über den Fluß.

1994

Sie war eine wunderbare Frau, aber sie hieß nicht Suzanne. Sie war jemand, über den die Welt nichts zu wissen braucht.

Times of India, 7. 2. 1999

Sisters Of Mercy

Ich war in Edmonton, war ganz alleine in Kanada unterwegs. Das war so um 1967, glaube ich. Ich ging eine der größeren Straßen von Edmonton entlang, es war bitterkalt, und ich kannte niemanden. Und dann kam ich an zwei Mädchen vorbei, die in einem Hauseingang standen und mich einluden, mich zu ihnen zu stellen. Was ich natürlich auch tat. Einige Zeit später waren wir dann alle drei in meinem kleinen Hotelzimmer in Edmonton und wollten uns zusammen schlafen legen. Natürlich schwelgte ich in allen möglichen erotischen Phantasien, was den weiteren Verlauf des Abends betraf... Wir legten uns zusammen schlafen, und ich glaube, wir haben uns alle in dieses eine kleine Bett in dem kleinen Hotel gezwängt, und es wurde bald klar, daß der Abend jedenfalls nicht auf das hinauslaufen würde, was ich mir vorgestellt hatte. Irgendwann in der Nacht merkte ich dann, daß ich einfach nicht schlafen konnte. Ich stand auf, und im Mondlicht war es sehr, sehr hell, denn das Mondlicht wurde vom Schnee reflektiert. Durch die Fenster kam es also richtig hell herein, und so habe ich dieses Gedicht im vom Eis reflektierten Mondlicht geschrieben, während die beiden Frauen schliefen. Es ist einer der wenigen Songs, die ich von Anfang bis Ende runtergeschrieben habe, ohne auch nur eine Zeile zu ändern. Worte und Melodie flossen einfach aus mir heraus, und als die beiden am nächsten Morgen aufwachten – es dämmerte gerade –, da konnte ich ihnen den fertigen Song vorsingen.

1974

Songs From A Room **(1969)**

Es ist eine sehr düstere Platte, richtig kaputt und am Boden. In der Stimme liegt eine Menge Verzweiflung, und das ganze Ding klingt nach Kummer und Schmerz. Ich glaube, die Platte gibt ziemlich genau wieder, was ihr Sänger zu der Zeit durchmachte.

1970

Bird On The Wire
Ich wohnte damals in meinem Haus in Griechenland, und das Dorf bekam elektrischen Strom. Es wurden Strommasten aufgestellt... Ich hab mich ganz schön geärgert. War echt wütend über die Stromkabel. Aber dann sah ich, daß die Vögel sie benutzten. Und das hat die Beleidigung irgendwie wiedergutgemacht.

1995

In gewisser Hinsicht faßt die Geschichte dieses Songs meine ganze Geschichte zusammen. Ungefähr um vier Uhr morgens schickte ich alle Musiker heim, außer meinen Freunden Zev, der Maultrommel spielte, Charlie McCoy am elektrischen Baß und Bob Johnston... Ich bat Bob, sich einfach an die Orgel zu setzen, denn ich hatte ihn hin und wieder mal Orgel spielen hören. Und ich wußte, daß jetzt etwas passieren würde.

Ich hatte das Lied nie zuvor richtig gesungen, noch nie, ich hatte immer so 'ne Pseudo-Nashville-Einleitung, zu der ich die Melodie spielte, und bis ich schließlich mit meinem eigenen Lied anfing, folgte ich schon tausend anderen Vorlagen. Jetzt aber nahm ich einfach den Gesang vor der Gitarre auf, und als ich mich die erste Zeile singen hörte, »Like a bird on the wire« [Wie ein Vogel auf dem Stromkabel], wußte ich, daß das Lied nun auf dem richtigen Weg war, daß es authentisch und neu werden würde. Ich sang es ganz durch, hörte mir beim Singen zu und staunte. Dann hörte ich mir das Band an und wußte, daß es jetzt paßte. Ich hatte es vorher nie richtig gesungen, und ich glaubte nicht, daß ich es je ein zweites Mal richtig hinkriegen würde, denn ich bin kein Performer. Aber es gab diesen einen Moment, und wenn zufällig gerade dann die enormen technischen Möglichkeiten von Columbia Records zur Verfügung stehen, dann ist es einfach magisch.

1969

Story Of Isaac
Es geht darin um Väter und Söhne und um den wunderlichen Ort, normalerweise am Schlachtblock, wo sich die Generationen begegnen und miteinander in Kontakt treten. Was den Sinn des Liedes angeht... Ich weiß nur, daß es eine psychische Wirklichkeit beschreibt.

1974

Songs Of Love And Hate (1971)

Die eine Seite... finde ich ein wenig schwer und melodramatisch. Ich denke, das geht auf das Konto der Songs und des Sängers. Es ist ein Makel dieses einen Albums, aber es ist nicht für mein ganzes Werk charakteristisch.

1974

Dress Rehearsal Rag
Ein Lied über Selbstmord. Womit ich ganz gewiß nicht mich selbst als potentiellen Selbstmörder hinstellen will.

1974

Famous Blue Raincoat
Das ist ein Lied, mit dem ich nie zufrieden war. Nicht, daß ich etwas dagegen hätte, einen Song impressionistisch anzugehen, aber hier hatte ich einfach den Eindruck, den Text nicht richtig hingekriegt zu haben. Insgeheim fand ich immer, daß an diesem Song etwas unklar war. Die Melodie finde ich gut. Ich weiß noch, daß sie meiner Mutter gefiel. Ich spielte sie ihr in der Küche vor, während sie gerade mit etwas anderem beschäftigt war, und sie spitzte die Ohren und sagte: »Das ist eine hübsche Melodie.«

1994

Joan Of Arc
Wirklich ein merkwürdiges Lied. Ich trat dabei ganz aus mir heraus, es hatte etwas Ehrfurchtsvolles. Ich gebe zu, daß mich ein starkes religiöses Gefühl erfüllte, als ich es aufnahm. Ich glaube nicht, daß das noch mal passieren wird.

1973

Live Songs (1973)

Live Songs dokumentiert eine sehr verwirrte und richtungslose Zeit. Was ich an dieser Platte mag, ist, daß diese Phase [meiner Laufbahn] darauf sehr genau eingefangen wird. Ich bin sehr an Dokumentation interessiert, und ich denke oft, daß ich ein Gesamtwerk hervorbringen möchte, das eine große Bandbreite unterschiedlicher Themen abdeckt.

1975

New Skin For The Old Ceremony (1974)

Ich hab nicht geglaubt, daß es [nach *Songs Of Love And Hate*] je noch mal eine Platte von mir geben würde. Ich hatte ein paar angefangene Lieder, bei denen es ganz danach aussah, als würden sie nie mehr fertig werden. Ich dachte, daß meine Muse mich verlassen hätte – sie hatte ja auch allen Grund dazu –, und beschloß, nicht untätig herumzustehen und an ihrer Tür zu kratzen, sondern den Mumm aufzubringen, der ganzen Sache den Rücken zu kehren – dazu war ich bereit, und das hatte ich ja auch schon getan. Aber dann hatte ich irgendwie zwei glückliche Wochen, und eine Menge Songs kamen zum Abschluß. Plötzlich hatte ich also ein paar fertige Songs in der Tasche, was sehr ermutigend war, dieses Gefühl hatte ich lange nicht gehabt. Und dann hatte ich gleichzeitig auch noch das große Glück, einen Mann namens John Lissauer zu treffen [den Produzenten der Platte].

1974

Ich muß sagen, daß ich mit dieser Platte sehr zufrieden bin. Sie ist gut. Ich schäme

mich ihrer nicht, und ich stehe dazu. Allerdings betrachte ich sie nicht als Meisterwerk, eher als ein kleines Juwel.
1975

Chelsea Hotel No.2
Ich habe nie konkrete Namen genannt, wenn es um Frauen ging, mit denen ich intime Beziehungen hatte. Hier aber habe ich Janis Joplin erwähnt. Ich weiß nicht, wann es angefangen hat, aber ich habe ihren Namen mit dem Song in Verbindung gebracht, und ich habe seither ein sehr schlechtes Gefühl deswegen. Es ist eine Indiskretion, die mir außerordentlich leid tut, und wenn es möglich ist, sich bei einem Geist zu entschuldigen, dann möchte ich mich hiermit dafür entschuldigen, diese Indiskretion begangen zu haben.
1994

A Singer Must Die
Ich finde, daß meine Songs in gewisser Hinsicht alle politisch sind, aber dieser [ist] es ganz besonders. Vor allem die Plattenversion, wo die letzte Strophe sehr entschieden gegen eine bestimmte Art von Autorität gerichtet ist.
1988

Greatest Hits/The Best Of Leonard Cohen (1975)
Ich war zuerst gegen dieses Vorhaben. Ich weiß nicht mehr genau, warum ich mich dann doch noch überzeugen ließ… Ich bestimmte die Songauswahl und alles, was die künstlerische Seite anging.
1976

Death Of A Ladies' Man (1977)
Die Platte hat so was »Gepanzertes«, das ihr vielleicht einen Weg in die Zukunft bahnen wird. Wie eine deutsche Panzerdivision.
1979

Mein Leben hatte einen Tiefpunkt erreicht. Meine Familie war am Zerbrechen, ich lebte in einer fremden Stadt, Los Angeles, und ich hatte weder meine Familie noch meine Arbeit, noch mein Leben mehr im Griff. Es war eine sehr, sehr finstere Zeit. Und als [Phil Spector] ins Studio kam, war klar, daß er exzentrisch war, aber daß er verrückt war, wußte ich noch nicht. Jetzt ist er das nicht mehr, ich hab kürzlich mal mit ihm telefoniert, er wirkte relativ ruhig und vernünftig. Aber damals war ich selbst ziemlich durchgeknallt, und er war mit Sicherheit total durchgeknallt. Bei mir war Entzug und Melancholie der Grund, und bei ihm war's eine Verbindung von Größenwahn, Geistesstörung und Bewaffnungsfanatismus.

Seine Vernarrtheit in Waffen war einfach unerträglich. Schußwaffen bestimmten die Szene. Die Musik war nur Nebensache. Weißt du, diese Leute waren alle bis an die Zähne bewaffnet, seine ganzen Freunde und Leibwächter, und jeder war betrunken oder hatte sonstwas eingefahren. Man ist also über Kugeln gestolpert und hat in seinen Hamburgern auf Revolver gebissen. Überall waren Schießprügel. Ich kann mich noch an eine Geschichte mit dem Geiger erinnern, dem Fiddler bei dem Lied *Fingerprints*. Phil hat es nicht gefallen, wie er spielte, also ist er ins Studio und hat ihn mit der Knarre bedroht... Der Junge kam vom Land und wußte 'ne Menge über Schußwaffen, er hat einfach seine Geige eingepackt und ist rausgegangen. Wir haben ihn nie wiedergesehen.

Und einmal ist Phil dann zu mir gekommen, in der einen Hand eine Flasche Manishewitz, koscheren Rotwein, und in der anderen eine Fünfundvierziger. Er legte mir den Arm um die Schulter, drückte mir den Revolver an die Kehle und sagte: »Leonard, ich liebe dich.« Und ich sagte: »Das hoffe ich, Phil.«

1994

Im Studio hat [Phil Spector] alles an sich gerissen. Es standen lauter bewaffnete Wächter herum, und er hat die Bänder ohne mich gemischt. Er hat sie einfach beschlagnahmt, und er hatte seine bewaffneten Leute dabei, also hatte ich entweder die Möglichkeit, mir eine eigene Privatarmee anzuheuern und die Angelegenheit mit ihm auf der Straße zu regeln, oder ihm die Bänder zu überlassen. Drum hatte ich so meine Vorbehalte gegenüber der Abmischung, aber inzwischen bin ich, was das Album betrifft, wesentlich milder gestimmt. Ich denke, es ist ein gutes Album. Es ist ein richtiges Album, es ist Rock.

1985

Die Platte, um die es mir am meisten leid tut, ist die, die ich mit Phil Spector zusammen gemacht habe. Und zwar deswegen, weil die Songs wirklich klasse sind. Ich glaube, es wäre vielleicht besser gewesen, wenn Bill Medley sie gesungen hätte oder Tina Turner. Die Songs sind wirklich gut, aber ich hatte im Studio nicht genug Einfluß, um sie in eine Richtung zu lenken, die meinen damaligen Möglichkeiten entsprach. Und stimmlich war ich damals nicht gut genug, um sie so zu singen, wie sie eigentlich gehörten. Denn im Grunde waren das ganz konventionelle, klassische – und zwar wunderschöne klassische – Rock'n'Roll-Arrangements, die Phil Spector da hingekriegt hat.

1988

Recent Songs (1979)

Die ganze Atmosphäre bei *Recent Songs* hatte so ein bißchen was von Nahem Osten, also nahm ich einen Geiger und einen Ud-Spieler dazu und spielte mit einer anderen Art von Band zusammen.

1985

Unveröffentlichtes

Das Album ist fertig. Meine Plattenfirma hat es nur nicht auf den Markt bringen wollen. Wahrscheinlich, weil sie dachten, daß es sich nicht verkaufen würde.

1985

(Über ein Livealbum, das auf den Tourneen aufgenommen wurde, die sich 1979/80 an die

Veröffentlichung von »Recent Songs« anschlossen. [Eine Live-CD aus dieser Zeit ist 2001 unter dem Titel »Field Commander Cohen – Tour Of 1979« erschienen; A.d.Ü.])

Davon hab ich 'ne Liveversion aufgenommen. Ich bin nicht sehr glücklich damit. Es ist ein guter Bluessong, den ich gern irgendwann noch mal aufgreifen würde. Es ist ein sehr lustiges Lied.
1988
(Über den unveröffentlichten Song »Billy Sunday« von 1979.)

Liebesträume
(CBS Deutschland, 1980)

Jemand hat mir diese Platte gezeigt. Also, ich muß sagen, ich hab mich wegen diesem Album sehr unwohl gefühlt. Es ist die einzige Platte, bei der nicht ich das Cover entworfen und die Songs ausgewählt habe. Und trotzdem hab ich der Veröffentlichung zugestimmt, und zwar am Telefon. Der Chef der deutschen Plattenfirma sagte, daß sie eine Zusammenstellung meiner Songs rausbringen wollten, und ich gab mein Okay. Es sträubte sich so einiges in mir dagegen, aber er meinte, daß die Platte bestimmt sehr gut laufen würde und daß sie den Leuten gefallen würde. Ich hatte ja schon eine Zusammenstellung veröffentlicht, sie hieß in Europa *Greatest Hits* und in Amerika *Best Of*, und ich hatte wirklich ein dummes Gefühl wegen der Sache, denn, wie gesagt, normalerweise entwerfe ich das Cover und bestimme die Songauswahl. Als ich dann das Album in die Hand bekam und sah, was sie mit den Songs gemacht hatten, war ich ziemlich entsetzt. Aber manchmal passieren solche Sachen eben. Daraus lernt man, daß man alles ganz genau kontrollieren muß.
1985

Various Positions (1984)

Ich bin nicht traurig. Ich bin eher ein bißchen sauer. Ich kann jede Plattenfirma in Amerika kriegen, solange ich ihr auch Europa und Kanada anbiete. Aber wenn die Plattenfirma sich Europa und Kanada rauspickt, und sich dann weigert, die Platte auch in den Staaten zu veröffentlichen, dann bringt mich das in eine sehr schwierige Lage. Also bin ich schon sauer... auf Columbia Records, ich komme mir nämlich regelrecht verarscht vor.

1985
(Über die Entscheidung von Columbia, »Various Positions« nicht in den USA zu veröffentlichen.)

Ich finde, daß das neue Album ein sehr klares Album ist. Es hat eine besondere Art von Klarheit.

1985

Ich erinnere mich, wie wir [Cohen und Roshi] einmal in einem New Yorker Studio saßen. Wir tranken ein paar Gläser chinesischen Likör, und ich spielte ihm die Songs meines damals neuen Albums, *Various Positions*, vor. Zu der Zeit sagte man mir nach, daß meine Musik viel zu depressiv sei – Journalisten scherzten, man solle den Alben Rasierklingen beilegen, um den Hörern den Selbstmord zu erleichtern. Doch Roshi schlief während des Hörens einfach ein. Am nächsten Tag, beim Frühstück, fragte ich ihn, ob ihm die Songs denn gefallen hätten. Er antwortete nur: »Leonard, du solltest noch traurigere Lieder singen.«

*die tageszeitung, 13./14. 10. 2001

The Law
Es hat etwas mit der Tatsache zu tun, daß unsere Handlungen Konsequenzen haben und daß auch in einer Zeit, in der Schuldgefühle eine schlechte Presse haben, ja sogar als krankhaft gelten, das Empfinden von Schuld immer noch die einzige Möglichkeit ist, zu erkennen, daß man einen Fehler gemacht hat.

1985

Night Comes On
Auf den Text bin ich gekommen, weil ich tatsächlich »in Ägypten gekämpft« habe. Im

Jom-Kippur-Krieg [Oktober 1973], als die Ägypter den Suezkanal überquerten und der Krieg begann, hab ich mich freiwillig zur israelischen Armee gemeldet. Im weiteren Sinn ist damit jedoch gemeint, daß wir alle an einem unfreien Ort leben. Wir leben alle unter irgendeiner Form von Tyrannei, und es ist unsere menschliche Bestimmung, daß wir versuchen, Ägypten zu verlassen, um ins Gelobte Land zu kommen. Ich benutze »Ägypten« also genauso wie die mittelalterlichen Autoren als Metapher für einen Ort der Sklaverei, den man verlassen muß, um ins Gelobte Land zu gelangen.

1985

Hallelujah
Wie aussichtslos die Lage auch ist, es kommt der Moment, wo man die Arme ausbreitet, alles annimmt, wie es ist, und einfach sagt: »Halleluja! Gelobt sei Sein Name.« Und diese Haltung der völligen Bejahung und totalen Unterwerfung ist die einzige Möglichkeit, sich mit der Situation abzufinden.

1988

Über diesen Song hatte ich mal ein interessantes Gespräch mit Bob Dylan... Ich lebte damals in Paris, und er gab dort ein Konzert. Am nächsten Tag trafen wir uns in einem kleinen Café im vierzehnten Arrondissement, und wir hatten einen tollen Nachmittag, an dem wir uns nur über die Arbeit unterhielten, übers Songwriting. Ich glaube, er hatte damals eine Coverversion von *Hallelujah* im Programm, und er lobte den Song und fragte mich, wie lange ich gebraucht hätte, um ihn zu schreiben, und ich log ihn an. Ich sagte, ich hätte drei oder vier Jahre gebraucht. In Wirklichkeit hat es länger gedauert. Und später im Gespräch lobte ich einen seiner Songs, *I And I*, und ich fragte ihn, wie lange er denn dafür gebraucht hätte. Er meinte: »Fünfzehn Minuten«, und ich glaube ihm das.

1997

If It Be Your Will
Ich brauchte sehr lange, um diesen Song zu schreiben, denn der Text und die Melodie sind so simpel, daß ein einziger falscher Schritt gereicht hätte, die ganze Struktur zusammenbrechen zu lassen. Ein Fehler, und sie würde sich in nichts auflösen und den Song in der Luft hängen lassen... Aber es ist wohl eines der besten Lieder, die ich je geschrieben habe.

1995

I'm Your Man (1988)
Ich würde sagen, dieses Album bedeutet auf alle Fälle so etwas wie einen Waffenstillstand im Krieg zwischen Mann und Frau – eine Waffenruhe, vielleicht auch den Frieden.

1988

Ich glaube, von allen meinen Platten ist es die am meisten in sich geschlossene. Die Songs für meine anderen Platten wurden auf der Gitarre geschrieben, und so waren ihnen durch meine Fähigkeiten auf der Gitarre Grenzen gesetzt. Die Songs für dieses Album hab ich alle auf dem Synthesizer komponiert, wo ich Rhythmen programmieren konnte.

1988

Es ist eine starke Platte. Es gibt kein Füllmaterial – nur acht gute Zugpferde, die die Platte vorantreiben. Sie ist direkt, hat Hand und Fuß, und [es sind] auch ein paar Sachen zum Lachen drauf.

1988

First We Take Manhattan
Da spricht so 'ne Art Außenseiter, jemand, der von dem, was er bekommen hat, nie sonderlich viel gehalten hat. Ich kann mich nicht völlig mit dieser Stimme identifizieren. Im Rahmen des Songs ist es einfach die Stimme visionär erleuchteter Verbitterung. [*First We Take Manhattan*] ist ein wahnsinniges, bedrohliches, weltpolitisches Manifest, in dem ich doch tatsächlich... in dem ich allen Ernstes anbiete, die Weltherrschaft zu übernehmen – zusammen mit allen gleich-

gesinnten Geistern, die bei diesem Abenteuer mitmachen wollen.

1988

Der Teil [den die Sängerin Anjani singt; A.d.Ü] bezieht sich auf all die alten Wochenschaubilder von Vertriebenen auf irgendwelchen Bahnhöfen. Bilder von Leuten, die auf einer ganz offensichtlichen Ebene obdachlos und heimatlos sind, die auf einer ganz offensichtlichen Ebene Flüchtlinge sind. Er bezieht sich aber auch auf die Leute in scheinbar sichereren und günstigeren Positionen, die glauben, daß sie noch nicht an ihrem eigentlichen Bestimmungsort angelangt sind.

1988

I'm Your Man
Der Song hat sich aus einer Situation heraus ergeben, in der ich die Frau, die ich liebte, verloren hatte und versuchte, mich wieder bei ihr einzuschmeicheln, und dieser Song war einer von vielen Versuchen, die ich in diese Richtung unternahm. Ich wollte eine bedingungslose Liebeserklärung ablegen... Und es hat geholfen.

1988

I Can't Forget
Das war zuerst ein Lied über die Erlösung der Seele, das die Geschichte des Auszugs aus Ägypten als Metapher verwendete. Ich habe lange am Text und an der Melodie gearbeitet. Ich habe einen Basistrack eingespielt und angefangen, den Song aufzunehmen, doch der Text ging mir einfach nicht über die Lippen. Ich weiß nicht, vielleicht war das Ganze für mich einfach eine Stufe zu hoch gegriffen, denn ich wußte nicht das geringste über die Erlösung der Seele, und selbst wenn ich was gewußt hätte, dann wollte ich darüber nicht reden. Wie dem auch sei, es war dafür irgendwie kein Platz im Studio oder in meinen Gedanken oder sonstwo auf der Welt – ich konnte diesen übertrieben anspruchsvollen Ansatz einfach nicht rechtfertigen.

Ich wußte, daß die Melodie gut war, und ich wußte, daß ich mit der Energie des Songs irgendwo hinmußte.

1988

Tower Of Song
Das ist ein guter Song, wahrscheinlich der einzige richtig große Song auf diesem Album. Ich finde, daß die ganze Platte sich auf einem ziemlich hohen Niveau bewegt, aber *Tower Of Song* ist einer der drei oder vier wirklich großen Songs, die ich je geschrieben habe. Natürlich mache ich mich das ganze Lied hindurch über mich selber lustig.

1988

The Future (1992)

Diese Platte wurde in mehrfacher Hinsicht durch den Fall der Berliner Mauer angeregt. Obwohl es unmöglich ist, sich nicht mit den Jubelnden zu freuen, war ich in meinem Freundeskreis der einzige, der gleich wieder mit einer düsteren Prophezeiung ankam: Es hieß, jetzt kommt die Demokratie in den Osten. Schön wär's! Wenn sie überhaupt irgendwo hinkommt, dann in die Vereinigten Staaten.

1992

Worauf [diese Platte] letztlich hinauswill, ist, daß man sehr mißtrauisch gegenüber Menschen und Bewegungen sein sollte, die ankommen und einem den Himmel auf Erden versprechen – ganz egal, ob es sich nun um Kommunismus oder Faschismus oder Religion oder um diesen Glauben oder jenen Kult oder um diese Sekte oder jene Position handelt.

1993

Ich hatte einfach die Nase gründlich voll von diesen ganzen Fotos von mir und anderen. Ich wollte den Leuten, die meine Platten kauften, nicht mein Foto aufdrängen.

1992

The Future
Wenn ich diesen Text wie Martin Luther an eine Kirchentür angeschlagen hätte,

dann wäre er ein schauerliches Manifest. Aber zu diesem Text gehört eben auch so ein kleiner, richtig heißer Musiktrack. Der Text geht also in der Musik auf, und die Musik geht im Text auf, und ich glaube, was übrig bleibt, ist nichts als reiner Sauerstoff – einfach diese treibende Energie, einfach ein apokalyptischer Tanz.

1992

Ich glaube, man kann das Stück *The Future* nicht davon loslösen, daß es ein echt heißer Song ist, zu dem man tanzen kann… Sonst wäre es wohl wirklich sehr trostlos.

1993

»I have seen the future, brother, it is murder«! [etwa: Junge, ich habe die Zukunft gesehen, sie ist die Hölle.] Na ja, wissen Sie, das [»it is murder«/»Mord«] ist im Englischen auch einfach eine sehr geläufige Redewendung. Man sagt: »Ich bin im Stau steckengeblieben, es war voll der Mord«… oder: »Ich hab mein Flugzeug verpaßt, es war mörderisch.« Das kann auch einen viel weniger dramatischen Sinn haben.

France-Inter (Radiointerview), 6. 10. 1997

Ich glaube nicht, daß ich [die Zukunft] schwarzgemalt habe. Meine Voraussagen haben sich als ziemlich zutreffend erwiesen. Als ich Ende der Achtziger und Anfang der Neunziger viele dieser Lieder schrieb, war in Berlin die Mauer gefallen, und die ganze Welt feierte. Aber ich hatte das Gefühl, daß bald irgendwas Furchtbares passieren würde. Ich sang damals: »Give me back the Berlin Wall/Give me Stalin and St. Paul« [Gebt mir die Berliner Mauer wieder/gebt mir Stalin und Paulus]. Die Leute meinten, ich sei zu pessimistisch. Aber unglücklicherweise hatte ich den richtigen Riecher.

ABC, 22. 7. 2001

Anthem

Ich halte das für eins der besten Lieder, die ich je geschrieben habe, vielleicht ist es das beste von allen. Es steht ganz oben, zusammen mit *If It Be Your Will* und *Take This Waltz*... Ich wußte, daß dieses Lied irgendwie die Summe meines ganzen Schaffens und Lebens darstellte. Was es aussagt, ist die reine Wahrheit für mich.

1993

Democracy
Ich hab ungefähr achtzig Strophen geschrieben... hab die ganze Welt erfaßt. Für alles, was passiert, gibt es 'ne Strophe. Das, was ich die »russischen Flitterwochen« nannte, kam darin vor, und wie das Ganze zusammenbrechen würde. Und die Schwierigkeiten in den amerikanischen Städten kamen drin vor, die Rassenspannungen, und daß es da irgendwann einfach mal knallen mußte. Das ganze Unternehmen hatte also eine prophetische Dimension, ist dann aber von den Ereignissen eingeholt worden. Das Sowjetreich ist wirklich zerbrochen, und es hat die Aufstände in den Städten gegeben.

Eine Riesenmenge Arbeit war für die Katz, nur weil ich ein Prophet war, bei dem nicht rechtzeitig die Alarmglocken geschrillt hatten.

1993

Ich hab mich gefragt, ob eine Weltgegend, die jedes Scheusal von Dracula über Iwan den Schrecklichen bis hin zu Stalin hervorgebracht hat, wirklich ein fruchtbarer Boden für die parlamentarische Demokratie sein konnte. Mir kam es nicht so vor. Für mich war klar – das wahre Versuchslabor der Demokratie ist Amerika.

1994

Always
Always ist ein Lied, das meine Mutter oft zu Hause gesungen hat. Und als ich in den kleinen Tanzkapellen in Montreal Klarinette spielte, stand dieses Lied hoch im Kurs, war fast so was wie *Stardust*. Es wurde immer ganz am Ende des Abends gespielt, und das war dann der Moment, wo man anfing, sehr eng zu tanzen. Ich woll-

te es einfach mal damit versuchen. Ich wußte nicht, ob ich es richtig hinkriegen würde. Ich wollte rausfinden, was es mit dieser bedingungslosen Liebeserklärung auf sich hatte.

1992

Es ist wunderschön aufgebaut, und ich finde, es hat einen Text, der einem richtig ans Herz geht. Also bin ich mit Steve Lindsey [dem Produzenten] und einigen wirklich fabelhaften Musikern ins Studio, und wir haben einen Drink vorbereitet, den ich selbst erfunden habe. Er heißt »The Red Needle« [Die rote Nadel] und besteht vor allem aus Tequila, Cranberrysaft, Limonensaft und ein paar anderen Zutaten. Und nachdem ich diesen Drink ausgeschenkt hatte und die Leute ihn probiert hatten, entstand diese Aufnahme.

1997

Live in Concert (1994)

Für mich stellte dieses Album meiner letzten Tournee [1993] so etwas wie die letzten Seiten eines Kapitels dar – eines Kapitels, das mit *Various Positions*, *I'm Your Man* und *The Future* angefangen hatte. Die Lieder auf dieser Platte sind alte Songs, die neu arrangiert wurden... Was *Suzanne* betrifft, so wollte ich das nicht mit draufhaben... Aber die anderen sagten: »Es zeigt, wo du jetzt stehst, Leonard. Es ist gebrochen, aufgebrochen, authentisch – das bist... du.«

1994

More Best Of Leonard Cohen (1997)

Ich fand zwar nicht, daß irgendeine besondere Notwendigkeit bestand, eine zweite Zusammenstellung herauszubringen, aber meine Verbindung mit der Plattenfirma [Columbia/CBS] hatte dreißigjähriges Jubiläum, und obwohl sich meine Nostalgie sehr in Grenzen hielt, stimmte ich zu. Natürlich habe ich die Songs ausgewählt...

1997

Ten New Songs (2001)
Ich fand, daß das ein guter Titel war. *Ten New Songs* – das ist einfach und klar, und wir wollten, daß auch die Songs einfach und klar sein sollten.
ABC, 22. 7. 2001

Die Mehrzahl der Stücke habe ich schon vor sechs oder sieben Jahren begonnen. Und einige von ihnen, wie *A 1000 Kisses Deep*, sind immer noch nicht fertig – der Text ist lediglich ein Auszug aus einem längeren, aber unvollständig gebliebenen Gedicht.
**die tageszeitung, 13./14. 10. 2001*

Ich arbeite sehr langsam. Diesmal war ich besonders langsam.
**Die Zeit, 4. 10. 2001*

Auf dem Mount Baldy wurden Sie »Der Stille« genannt. Warum haben Sie das Schweigen gebrochen?
Zunächst mal hat sich das neue Album eher zufällig ergeben: Ich traf im Einkaufszentrum eine alte Bekannte wieder, mit der ich schon früher gearbeitet habe. Außerdem hat Stille weniger mit Sprache oder Gesang zu tun als mit innerem Frieden. Das Album ist aus den Tiefen dieser inneren Ruhe entstanden.
**Der Spiegel, 1. 10. 2001*

Die Texte entstanden also im Kloster. Waren es zunächst nur Gedichte, die dann zu Songs ausgestaltet wurden, oder waren sie von vornherein als Songs angelegt?
Das läßt sich nicht allgemein beantworten. Einige waren fast fertig, andere mußten überarbeitet und melodischen Strukturen angepaßt werden. Es war ein langer Prozeß, aber ich habe das Songschreiben stets als langwierige, schwierige Sache erlebt.

Wieso hast du die Musik zu deinen Texten nicht selbst geschrieben?
Es hat sich nicht ergeben. Sharon [Robinson] und ich kennen uns schon lange und

sehr gut. Ich hatte früher schon mit ihr gearbeitet und empfand es als sehr fruchtbar. Als ich sie wiedertraf, erinnerten wir uns daran, daß wir zwar schon öfter die Absicht geäußert hatten, miteinander zu arbeiten, daß aber immer etwas dazwischengekommen war. Diesmal schien die Zeit reif zu sein ... Anfangs war uns beiden nicht klar, wo genau uns das hinführen würde. Wir beendeten einen Song, begannen den nächsten, und irgendwann ließ sich nicht mehr leugnen, daß wir an einem Album bastelten. Sharon legte viel Energie, Intuition und ihre erstaunliche Musikalität in diese Arbeit. Ich weiß nicht, aber ich glaube, ohne sie wären viele dieser Songs nur Worte auf Papier geblieben.

Rolling Stone (D), 10/2001

Ten New Songs ist ein simples Album. Die Komplexität liegt in der Stimme und wie sie sich zum Setting verhält ... Es stimmt, daß diese Aufnahmen zuerst als Demos gedacht waren. Eigentlich war es unsere Absicht, die einzelnen Parts mit natürlichen Instrumenten nachzuspielen. Ein richtiges Schlagzeug anstelle des Drumcomputers, ein echtes Orchester. Sharon wollte ihre eigenen Backing Vocals durch die anderer Sängerinnen substituieren. Ich war es, der darauf bestand, nichts dergleichen zu tun, sondern alles so zu belassen. Was als Demo begann, war am Ende genau das, was ich angestrebt hatte. Eine präsente Stimme, die Musik fährt nirgendwo dazwischen, drängt sich nicht auf ... Es ist, soweit ich das beurteilen kann, ein gutes und auch vielschichtiges Album. Ich liebe diesen synthetischen Klang, er ist so unaufwendig herzustellen ... Es gibt auf *Ten New Songs* keinen Ton, kein Wort und keine Wendung, die ich nicht verteidigt hätte und jederzeit verteidige.

Rolling Stone (D), 10/2001

Ich war von Leonards Entscheidung, meine Pilotspuren für die Veröffentlichung heranzuziehen, auch ziemlich überrascht. Nicht, daß ich mich damit nicht anfreunden könnte. Es ist ja schmeichelhaft, wenn deine Arbeit so umfassend honoriert wird. Aber ein paar Spuren hätte ich doch gern in einem weiteren Arbeitsgang überspielt, am liebsten mit Streichern oder Bläsern.

*Sharon Robinson in
Rolling Stone (D), 10/2001

Es macht vieles einfacher, wenn man nur die Festplatten austauschen muß und so, unabhängig voneinander, die Arbeit des anderen fortführen kann.

**die tageszeitung,
13./14. 10. 2001*

Ein paar Stücke entsprechen vielleicht dem Zeitgeschmack, aber das war nicht geplant ... Das meiste ist am Computer entstanden, aber ich denke nicht, daß man das als unangenehm empfindet. Die Musik hat eine warme, entspannte Qualität, weil wir sehr gute Samples verwendet haben ...

Es gibt einen traumhaften Fernsehauftritt zusammen mit dem Saxophonisten Sonny Rollins. Würde diese Art von Jazz nicht besser zu Ihrer Musik passen als die auf Dauer doch sterilen Synthesizerklänge?

Ich verehre Sonny Rollins sehr und wollte ihn fragen, ob er bei einigen Titeln mitspielt, aber es hat sich nicht ergeben. Das neue Album hat einen intensiven Groove, der sich durch alle Songs zieht, also blieben wir im Genre. Man kann sich auf die Stimmung verlassen, man kann tiefer eindringen, aber man muß nicht. Man kann ebenso an der Oberfläche bleiben und sich nur entspannen ... Ich habe immer Musik geliebt, zu der du Geschirr spülen kannst. Musik, zu der du deine Frau umarmen kannst. Hintergrundmusik. Man kann *Ten New Songs* auf verschiedenen Ebenen hören, wobei eine Ebene nicht besser oder anspruchsvoller ist als die andere. Von Shakespeares Stücken sagt man ja auch – wobei ich

mich da nicht vergleichen will –, daß sie vom Volk geliebt werden.
Die Zeit, 4. 10. 2001

Sharon Robinson, die mit mir seit 1979 als Backup-Sängerin arbeitet und die das neue Album produziert hat, ist es gelungen, die Unvollkommenheit meiner Stimme auf weiche Kissen zu betten. Viele der Songs singen wir gemeinsam, meine Stimme verträgt keine Einsamkeit.
Focus, 17. 9. 2001

Ich kann den Klang meiner eigenen Stimme nicht ausstehen und muß sie einfach mit dem Klang von angenehmeren anderen Stimmen umgeben, die mit mir zusammen singen, dann halte ich auch bis zum Ende eines Songs durch. Dieses Mal hab ich sogar versucht, mich ganz zu drücken und Sharon die Lieder alleine singen zu lassen.
France-Inter (Radiointerview), 27. 6. 2001

Es ist ein gutes Album, und die meiste Arbeit hat Sharon geleistet. Hin und wieder hab ich ein paar Veränderungen vorgenommen, hab sie etwa gefragt: »Sharon, hat diese Melodie mehr als vier Töne? Du kennst meine Grenzen.«
Spin 3/2002

Bei der Arbeit an diesem Album [bin ich] sehr früh aufgestanden ... vier Uhr morgens. Den Gesang habe ich in meinem Heimstudio aufgenommen, das ich mir in der Garage meines Hauses in Los Angeles eingerichtet habe. Das ist nicht perfekt isoliert, deshalb mußte ich singen, bevor die Vögel damit loslegten. Und bevor die Hunde meiner Tochter zu kläffen begannen.

Ist die Stimme am Morgen besser als am Abend?
Das nicht, aber die Atmosphäre ist ganz anders: Man geht durch den stillen Garten, der Jasmin duftet, alles ist unglaublich friedlich. Ich hoffe, diese entspannte Stimmung überträgt sich beim Hören des Albums.
Der Spiegel, 1. 10. 2001

Das ganze Album hat etwas Friedvolles, es herrscht eine gelöste und versöhnliche Stimmung.
France-Inter (Radiointerview), 27. 6. 2001

Ich weiß, daß es eine Anzahl von Menschen gibt, die in dem Album etwas von dem finden werden, was sie vermissen. Dafür bin ich dankbar.
*Rolling Stone (D), 10/2001

In My Secret Life
Jeder weiß, daß sich hinter dem Leben, das wir nach außen hin führen, das »geheime Leben« verbirgt. Das Leben der tiefen Gefühle, der Aufrichtigkeit, das Leben, das wir nicht zeigen können, das Leben hinter der Maske.
El Mundo, 26. 9. 2001

A Thousand Kisses Deep
Ich hab sehr lange gebraucht, um dieses Lied zu schreiben, und es hat meinen Alltag ständig begleitet, selbst während der vielen langen Stunden im Meditationsraum. Ich hätte eigentlich nach innerer Ruhe streben oder meine Gedanken auf andere Dinge lenken müssen, aber ich tüftelte an den Reimen für *A 1000 Kisses Deep*. Ich stellte fest, daß der Meditationsraum prima geeignet war, um an Songs zu arbeiten. Ich konnte mich auf eine Strophe konzentrieren, an den Reimen feilen, und mir sind viele gute Ideen gekommen.
Maclean's Magazine, 15. 10. 2001

(Zu den Textzeilen: »And summoned now to deal/With your invincible defeat/You live your life as if it's real/A Thousand Kisses Deep« [Aufgerufen, dich deiner unausweichlichen Niederlage zu stellen, lebst du dein Leben, als ob es wirklich wäre – tausend Küsse tief].)
Jedem wird einmal klar, daß er nicht das Leben führt, das er sich wünscht. Das Leben erscheint einem als Niederlage. Man kann sich glücklich schätzen, wenn man später begreift, daß niemand das Leben führt, das er sich wünscht. Es wird einem klar,

daß man sein Leben nicht in der Hand hat, denn dann wäre es anders verlaufen. In diesem Bewußtsein der eigenen Machtlosigkeit kündigt sich die Niederlage an. Und dann muß man begreifen, daß man trotzdem so weitermachen muß, als wäre das Leben wirklich, als hätte man die Fäden in der Hand und als hätten die eigenen Entscheidungen voraussehbare Folgen. Leben heißt Entscheidungen treffen, und deshalb müssen wir auch weiterhin entscheiden, so als wären das wirkliche, selbstbestimmte Entscheidungen. Aber auf einer tieferen Ebene muß man gleichzeitig auch begreifen, daß man das Heft nicht in der Hand hat. Trotzdem kann man sein Leben »tausend Küsse tief« leben, und mit dieser Formulierung will ich sagen, daß man das Geheimnis anerkennen und sich dem Geheimnis anheimgeben muß.

Euroman 9/2001

Enthält der Song »A Thousand Kisses Deep«, der Sie offenbar verfolgt und an dem Sie seit Jahren schreiben, eine Bilanz Ihres Lebens?
Ich weiß es nicht. Es gibt bereits zwanzig bis dreißig Strophen, die jetzige Fassung enthält vielleicht vier oder fünf davon. In der ersten Strophe steckt der Kern des Ganzen: »Summoned now to deal with your invincible defeat.« ... Man kann nicht einfach sagen: Das ist alles nur ein Traum, eine Illusion. Wir leben immer, als hätten wir eine Wahl, als gäbe es einen freien Willen, als wäre das Leben eine Realität. Aber im Grunde ist uns klar, daß wir gar nicht wissen, warum etwas passiert, auch wenn uns die Wissenschafter die menschliche Psyche analysieren und den Bauplan erklären.

**Die Zeit, 4. 10. 2001*

Es ist schwer, [dieses Lied] zu kommentieren. Ich habe sehr lange daran gefeilt, damit jede einzelne Zeile genau sitzt und den Punkt trifft, und die Kommentare sind demgegenüber viel spontaner und wenig durchdacht.

*Maclean's Magazine,
15. 10. 2001*

By The Rivers Deep
Das Lied berichtet von den Wanderungen einer Figur aus Babylon. Sie ist Teil dieser Stadt, flüchtet dann und kommt wieder zurück... Dieser Mann gehört zur Stadt der Sünde, und gleichzeitig weiß er, daß es irgendwo ein Jerusalem gibt, auch wenn er keine Ahnung hat, was dort vor sich geht. Es ist wie in unserer Gedankenwelt: Unser Gehirn ist ein Sammelbecken für Gedanken – so wie wir ein Gefäß für die Liebe sind –, und man weiß eigentlich gar nicht, was im nächsten Augenblick in einem aufsteigen wird. Aber es ist einfach unsere Natur, daß wir glauben, wir könnten all diese Regungen beherrschen, auch wenn wir genausowenig darüber bestimmen können wie über den Ort unserer Geburt. Wir sind viel zu sehr von dem Glauben eingenommen, daß wir uns von unserer Herkunft lösen, unsere Situation verleugnen könnten. Diese ganze Geschichte spiegelt sich in der Figur dieses Mannes, allerdings mit dem Unterschied, daß er schließlich wirklich begriffen hat, wo er herkommt... Selbst wenn es einen Garten Eden gibt – er kommt aus Babylon und muß dieser Tatsache ins Auge blicken. Dann kann er die Vorstellung eines fernen und notwendigerweise besseren Ortes bestimmt eher genießen.

Optimum, 10/2001

Boogie Street
In der wirklichen Welt liegt die Boogie Street in Singapur. Ich weiß nicht, wie es heute ist, aber als ich vor Jahren dort war, war diese Straße tagsüber ein Ort regen Handels und nachts ein Ort reger sexueller Kontakte. Es gab jede Menge männliche und weibliche Prostituierte, wunderschöne Geschöpfe, alle frei verfügbar. Wenn ich also von der »Boogie Street« spreche, beziehe ich mich auf

die Straße, in der wir unserem Verlangen Ausdruck geben, auf die Straße, in der wir leben.
ABC, 22. 7. 2001

Boogie Street ist keine Adresse, sondern die schnöde Wirklichkeit, der tägliche Kampf. Auch das Klosterleben ist ein Teil der Boogie Street, mehr sogar, als vielen Mönchen lieb ist ... Das Gegenteil von Boogie Street ist das Paradies. Und das ist nur für Augenblicke zu erhaschen.
*Rolling Stone (D), 10/2001

Ich war vor vielen Jahren auf der Rückreise von einer Australientour [in Singapur], und tagsüber ist die Boogie Street ein Ort turbulenten Geschäftslebens, mit vielen kleinen Verkaufsständen, wo Raubkopien verkauft werden. Damals war es in der westlichen Welt schwierig, meine Platten aufzutreiben. Auch hier waren sie nicht ausgelegt. Ich fragte einen Händler, ob er etwas von Leonard Cohen hätte, und er verschwand in sein Zelt, wo er sein Lager hatte, und kam mit einer ganzen Kiste voll Kassetten von allen meinen Platten zurück, für einen Dollar das Stück. Es herrschte so eine richtige Basaratmosphäre ...

Für mich ist Boogie Street die Straße, wo wir arbeiten und begehren, das Alltagsleben, der Ort, wo wir die meiste Zeit verbringen. Aber es gibt Momente, die uns aus der Boogie Street herausheben können: Die Umarmung unserer Kinder oder der Kuß eines geliebten Menschen oder ganz besondere Momente der Ekstase, in denen das Ich sich regelrecht auflöst, so daß niemand mehr da ist, um dieses Erlebnis wahrzunehmen, und man sich hinterher erfrischt und wie neu fühlt. Wie mein alter Lehrer gesagt hat: »Das Paradies ist ein guter Ort für einen kurzen Besuch, aber man kann dort nicht leben, denn es gibt keine Toiletten und keine Restaurants.« Wir hoffen also immer auf jene himmlischen Augenblicke,

die wir erleben, wenn wir uns umarmen oder uns plötzlich die Schönheit von etwas aufgeht oder wir ein besonderes Vergnügen empfinden, aber im nächsten Moment finden wir uns schon wieder auf die Boogie Street zurückversetzt.
Maclean's Magazine, 15. 10. 2001

Ausblick

Einige Songs [für ein neues Album] sind bereits fertig. Es wird aber völlig verschieden sein von *Ten New Songs*, eine ganz andere Sorte Album.
**Rolling Stone (D), 10/2001*

Rückblick

(Über seine »frühen« Songs:)
Ich hab großen Respekt vor dem jungen Menschen, der diese Bilder hervorgebracht hat.
1997

Gitarren- und Gesangskünste

Gitarrenspiel

Ich setzte es ein, um den Mädchen den Hof zu machen. Vermutlich ging ich in die Knie und brachte einer jungen Dame ein Ständchen. Damals kannte ich keine Scham.

1966

Es gibt drei Punkte, die für mich sprechen. Ich habe eine schreckliche Stimme und kann nicht mal den Ton halten. Außerdem bin ich sehr klein und dürr. Und schließlich bin ich nachweislich Jude. Das einzige, was gegen mich spricht, ist, daß ich zu gut Gitarre spielen kann!

1969

Meine erste Gitarre habe ich für zwölf Dollar bei einem Pfandleiher in der Craig Street in Montreal gekauft – ein fürchterliches Instrument. Ich wußte nicht das geringste über Gitarren, außer daß ich eine spielen wollte. Ich kannte nicht mal den Unterschied zwischen Nylon- und Stahlseiten. Es gab damals keine Gitarrenkultur, keine Popkultur, keine Popmusikkultur, kein Fernsehen. Man hatte die vage Vorstellung, daß die einzigen Leute, die Gitarre spielten, Kommunisten waren.

1994

Ich lernte zufällig einen Flamencogitarristen kennen... Ich bat ihn, mir Stunden zu geben, und er brachte mir ein paar Flamencoläufe und ein Tremolo bei. Zur vierten Unterrichtsstunde kam und kam er nicht, und als ich in der Pension anrief, wo er wohnte, erfuhr ich, daß er Selbstmord begangen hatte… Ich hab ihm viel zu verdanken, denn er hat mir etwas beigebracht, was für die Melodie vieler meiner Songs die Grundlage lieferte, so 'ne bestimmte Kombination von Dur- und Mollakkorden.

1994

Ich will hier nicht den großen Musikwissenschaftler spielen, aber ich bin um einiges besser, als es lange, lange hingestellt worden ist. Weißt du – die Leute haben behauptet, ich würde nur drei Akkorde kennen. Dabei kannte ich fünf.

1994

Ich bin ein sehr limitierter Musiker: Mir war es nie möglich, aus dem vollen zu schöpfen.

*die tageszeitung,
13./14. 10. 2001*

Gesang

Es stimmt, ich glaube nicht, daß meine Stimme besonders wohlklingend oder außergewöhnlich ist, aber es ist meine Stimme, und ich würde auf jeden Fall singen, ob ich nun ein großes Publikum habe oder nicht. Es ist ganz bestimmt nicht die tollste Stimme, die ich je gehört habe, die meiste Zeit kann ich sie sogar nicht mal ausstehen, aber es ist nicht die Tatsache, daß ich ein großes Publikum habe, die darüber entscheidet, ob ich nun singe oder nicht. Ich würde immer singen. Es ist einfach meine Stimme, und ich singe gern. Jeder Mensch hat sein eigenes Lied, und ich singe eben mein Lied.

1972

Ich weiß noch, wann und wo ich angefangen habe zu begreifen, daß ich nicht singen kann. Es war beim Newport Folk Festival, 1966 oder 67. Ich war mit meinem Anwalt zusammen, Martin Machat. Das war so ein Anwalt, der sich auf die Unterhaltungsbranche spezialisiert hatte, ein richtiger Ganove, wie aus einer Story von Damon Runyon. Ich sagte zu ihm: »Hör zu, Marty, ich kann nicht singen, ich muß damit aufhören. Ich kann einfach nicht singen.« Und er sagte: »Jetzt paß mal auf: Keiner von euch Typen kann singen. Wenn ich Sänger hören will, geh ich in die Metropolitan Oper.«

1988

Man bekommt im Laufe der Jahre so ein paar Tricks mit, und eine gut ausgebildete Stimme ist schon etwas sehr Schönes... Aber es gibt eben auch eine andere Tradition, und ich glaube, daß ich dorthin gehöre. Das ist die, wo Typen sich einfach darüber auslassen, wie sie die Dinge sehen.

1985

Es gibt ein paar Leute, die finden, daß ich keine goldene Stimme habe.

1988

Meine Stimme ist in der Tat tiefer geworden. Wahrscheinlich nach fünfzigtausend Zigaretten und 'ner Menge Alkohol.

1994

Ich fand es immer schrecklich, alleine zu singen, und es kommt mir immer so vor, als würde es meine Stimme retten oder ihr zumindest eine Art Berechtigung geben, wenn ich mit Frauen zusammen singe. [Sie] paßt sehr gut zu Frauenstimmen. Ich hatte immer ein Wahnsinnsglück mit meinen... ich nenne sie nicht Backgroundsängerinnen – mit meinen »Vordergrundsängerinnen«. Jennifer Warnes zum Beispiel. Wenn ich mit ihr zusammen singe, klingt meine Stimme irgendwie gleich zehnmal besser als sonst, auch wenn das nicht viel heißen will. Mit Jennifer Warnes oder Perla Batalla oder Julie Christensen – meine Stimme klingt richtig schauerlich, aber mit diesen Frauen springt irgendwie der Funke über.

1997

Was hat deine Stimme so dunkel und tief gemacht?
Tabak.

Hattest du nicht drei Jahre lang mit dem Rauchen aufgehört?
Ja, aber ich hab wieder angefangen. Ich weiß, daß es nicht gut für mich ist, aber ich kann einfach nicht damit aufhören. Ich hab mich nicht unter Kontrolle. Ich muß es noch mal versuchen.

Vom Tabak mal abgesehen, was tust du noch für deine Stimme?
Whiskytrinken. Das ist gut für die Stimme ... Sie ist jetzt tiefer und klingt fast eine Oktave ernster.
ABC, 22. 7. 2001

Achtung, Johnny Cash, ich komme! (lacht) Na ja, ich hab gedacht, meine Stimme würde irgendwann aufhören, immer tiefer zu werden. Ich hatte das Rauchen aufgegeben, aber jetzt, wo ich wieder angefangen habe, weiß ich, daß es nach unten keine Grenzen gibt.
France-Inter (Radiointerview), 27. 6. 2001

Auf der Bühne

Wir bringen die Dichtung dorthin, wo sie hingehört... nicht zum Volk, nein, zu den Hipstern, zu den Trinkern... zurück zur Musik und zu einer gewissen Zwanglosigkeit, raus aus den Hörsälen.
1958
(Während einer von Cohens frühen »Poetry in Performance«-Sessions in Montreal.)

Ich glaube, als ich zum ersten Mal auf der Bühne gestanden habe, das war bei... bei einem Benefizkonzert für den WBAI [progressiver New Yorker Radiosender; A.d.Ü] hier in der Stadt [New York]. Ich bin raus auf die Bühne, und meine Gitarre war verstimmt. Ich kriegte es einfach nicht hin, das Ding zu stimmen. Ich versuchte es, und es wurde immer peinlicher und peinlicher, und da bin ich wieder von der Bühne gegangen. Ich glaube, [Judy Collins] war da, und sie sagte bloß: »Komm, laß uns das blöde Ding stimmen, und dann gehst du wieder raus und fängst noch mal an.«
1988
(Über sein Debüt als Musiker, 1967.)

Ich möchte mich weder vor mir selbst schämen müssen, noch möchte ich vor anderen Leuten versagen. Vor anderen zu versagen ist schlimm genug, aber sich vor sich selbst schämen zu müssen steht auf einem anderen Blatt. Und die einzige Möglichkeit, das wiedergutzumachen, ist zu arbeiten, und zum Arbeiten braucht es eine gewisse Zurückgezogenheit. Wenn man also zu oft [auf Tour] geht, macht man letztlich nur sich selbst und den Musikverlagen etwas vor.

1971

Es gibt Augenblicke, wo ich denke: »Mein Gott, ich hab diesen Song schon hundertmal gesungen.« Es kommt vor, daß ich zu einem Song keinen Bezug finde, aber wenn ich merke, was für einen tiefen Bezug das Publikum zu dem Song empfindet, und ich eine Verbindung mit dem Publikum herstelle, dann kann ich auch wieder einen Bezug zu dem Song herstellen…

1972

Ich habe ein bestimmtes Publikum im Kopf, und dieses Publikum setzt sich aus Leuten zusammen, die genauso sind wie ich. Mit anderen Worten: Ich denke einfach,

daß ich für Menschen singe, die die Dinge genauso wahrnehmen wie ich.

1972

Wir haben diese Lieder schon sehr oft gesungen, aber für die Leute in der Band sind sie – ich zögere ein wenig, das Wort zu verwenden – zu einer Art Meditation geworden.

1972

In Tel Aviv gab es Tumulte. Vom Flugzeug aus hat man uns direkt zu diesem Sportzentrum gekarrt, so eine riesige Sporthalle, die den offiziellen Standards entsprach. Und dann durften die Leute noch nicht mal den Innenraum betreten. Dort war nämlich gerade erst ein neuer Basketballboden verlegt worden. Das Publikum war also auf der anderen Seite der Halle untergebracht, ein paar hundert Meter weit weg, und ich hatte nur dieses riesige leere Basketballspielfeld vor mir. Also hab ich den Leuten vorgeschlagen, auf die Spielfläche runterzukommen, und

die Platzanweiser haben versucht, sie zurückzudrängen, weil sie das Holz schützen wollten, und das Ganze entwickelte sich zu einer größeren Auseinandersetzung. Es war eine üble Geschichte.
1974
(Über einen unerfreulichen Vorfall beim vorletzten Konzert der 1972er Tournee.)

Es hat sich ja eine regelrechte Mythologie entwickelt, was den Druck angeht, der angeblich auf Musiker ausgeübt wird, aber ich habe diesen Druck nie gespürt. Keiner hat je von mir verlangt, etwas zu tun, was ich nicht tun wollte, und niemand aus der ganzen Sparte hat mich je zu irgendwas breitgeschlagen. Ich kann mich also wirklich nicht über irgendeinen Druck beklagen.
1974

Ich will nicht jemand sein, der einfach jeden Abend auf der Bühne steht.
1974

Ich bin ein abgebrühter Profi. Ich bin kein herumreisender Jugendlicher, der sich mal eben seine Mundharmonika geschnappt hätte. Ich ziehe von Bühne zu Bühne und trage meine Lieder vor… Mit »Profi« meine ich aber nicht jemanden, der kalt und unbeteiligt seine Nummer abspult, sondern jemanden, der die Risiken eines Konzertabends eingeht, ohne mit irgendwelchen Entschuldigungen zu kommen.
1974

Wenn ich sehe, wieviel Organisation nötig ist, um zwölf Leute von einer Stadt in die nächste zu befördern, wundere ich mich, wie es Staaten je hinkriegen, ganze Armeen zu bewegen und in den Krieg zu ziehen.
1979

[Das Touren] entwickelt sich fast schon zu einer Art sportlichem Wettkampf. Man muß dafür trainieren, man muß eine passable Leistung hinlegen, und man muß sich ziemlich gut in Form halten.
1980

In eigenen Worten

Ich gehe lieber da auf Tournee, wo ich schon ein Publikum habe und wo die Entfernungen zwischen den Städten nicht so groß sind... Ich hab eigentlich kaum Zeit auf Konzerte in Kanada verwendet. Das ist zum großen Teil meine eigene Schuld. In Europa gibt es ein Publikum, das sehr daran interessiert ist, was ich mache... Ich gehe eher dahin, wo die Post abgeht!

1982

Natürlich ist mein Hörerkreis bescheiden, und ich bewege mich nicht in derselben Liga wie die Leute aus der Top 40 oder selbst wie andere Sänger, die seit den Sechzigern im Geschäft sind, Paul Simon oder Dylan etwa. Ich habe ein viel, viel kleineres Publikum, und deshalb freue ich mich immer, wenn sich Leute für meine Sachen interessieren und ich ein Echo bekomme.

1985

Für die Leute von Columbia in den USA bin ich kein vermarktbarer Sänger. Sie glauben nicht, daß ich irgendeinen Marktwert besitze... Viele der europäischen Firmen nehmen meine Platten eher ein bißchen widerwillig entgegen. Sie bringen sie raus, verwenden aber nicht viel Energie auf die Werbung. Sie verlassen sich auf eine gewisse Mundpropaganda und glauben einfach, daß es einen bestimmten Typ Mensch gibt, der die Platte schon kaufen wird. Aber sie betrachten sie nicht gerade als die Platte, die die Firma finanziell rausreißen wird.

1985

Ich weiß, daß ich eine bestimmte Spannung und Intimität rüberbringen kann, wie sie eben entsteht, wenn ein Sänger alleine vor Leuten singt, die seine Songs kennen und lieben, und so versuche ich, jedesmal ein paar Solonummern einzulegen. Aber ich glaube nicht, daß ich ganz allein drei Stunden bestreiten könnte.

1985

Es ist schön, mit Leuten zu arbeiten, die man kennt. Und es ist noch schöner, mit Leuten zu arbeiten, die es draufhaben. Aber am schönsten ist es, mit Leuten zu arbeiten, die man kennt und die es draufhaben.

1988

Ich weiß, daß ich dafür bekannt bin, melancholische Lieder zu singen. Ich mag nun mal traurige Lieder. Vielleicht liegt es daran, daß meine Mutter Russin war und zu Hause immer traurige Lieder gesungen hat. Aber alle Völker, einfach alle, bringen traurige Lieder hervor. Sie bringen traurige Lieder hervor, um dem Gemütsleben eine Stimme zu geben.

1985

Die Konzerte sind jeden Abend anders. Wenn sie immer gleich wären, könnte ich nicht weitermachen. Manchmal verliere ich mich ganz in der Musik oder in mir, manchmal kann ich mich mehr dem Publikum zuwenden. Es ist mal so und mal so, denn ich möchte, daß es ehrlich ist; ich versuche, beim Singen nicht zu lügen. Manchmal lächele ich am Anfang, manchmal am Schluß, manchmal lächele ich die ganze Zeit, und manchmal lächele ich gar nicht... Darauf muß man es eben ankommen lassen, wenn man schonungslos aufrichtig ist.

1985

Wenn man sich auf die Bühne stellt, besteht immer das Risiko, sich zu blamieren.

1985

Mir war nicht klar gewesen, daß ich im kulturellen Leben Polens überhaupt irgendeine Rolle spiele, daher war es schon irgendwie beängstigend, dort auf diese Menschenmassen und auf ein solches Interesse an mir zu stoßen. Ich war auf den Druck, dem ich mich ausgesetzt fand, völlig unvorbereitet. Der Sprecher von Solidarność wollte, daß ich Lech Walesa in mein Warschauer Konzert einlud. Walesa war in Danzig und durfte die

Stadt nicht verlassen. Ich wurde also mehr oder weniger dazu aufgefordert, die Regierung in eine peinliche Situation zu bringen. Ich hatte keine Gelegenheit, meinen Mut zu erproben, denn ein paar Jungs von der Band nahmen mich zur Seite und sagten: »Leonard, wir wissen nicht, auf welche merkwürdigen missionarischen Abenteuer du dich da einlassen willst, aber wir werden fürs Spielen bezahlt, also sag bitte nichts, was es uns schwer machen wird, das Land zu verlassen. Laß uns das Konzert geben und aus der Stadt verschwinden.«

1985

Die Leute haben sich [meine] Platten allein oder mit einem Freund bei sich zu Hause angehört, und dabei entsteht meist eine sehr intime Atmosphäre. Aber das kann man in einer Konzerthalle mit viertausend Leuten nicht hinkriegen. Also neige ich dazu, dort etwas lauter zu spielen und rhythmischere Sachen zu machen, und versuche einfach, ein bißchen Spaß zu haben.

1985

Die Vorbereitungen sind schwierig, aber sobald die Tournee läuft, ist es so, als wäre man mit einer Motorradgang unterwegs. Man muß keine Entscheidungen treffen und braucht keine Alibis. Man weiß, der ganze Tag läuft auf den einen Moment hinaus, wo man auf die Bühne geht.

1988

Ich trinke meistens gerade genug, um den Wein zu spüren.

1985

Ich bin kein großer Trinker, aber ich habe im Laufe meines Lebens ein paar Trinker kennengelernt. Trinken ist gut zum Entspannen, besonders vor einem Auftritt. Es löst der Wahrheit die Zunge.

1991

Ich glaube nicht, daß ich jemals mit dem Gefühl auf die Bühne gegangen bin, die Sache routinemäßig im Griff zu haben und ganz genau zu wissen, wie der Abend ablaufen wird. Ich habe es nie als Show betrachtet – im Sinne einer Konzertaufführung oder einer Schau, die ich abziehe –, denn ein Konzert hat für mich immer etwas von Hingabe, ja etwas Weihevolles, und das ist uns allen so gegangen, den Musikern und den Technikern genauso wie mir. Zum Beispiel essen wir immer zusammen, nach dem Soundcheck und vor dem Konzert, und trinken zusammen einen, die Crew und die Band. Wir stoßen auf uns selbst und auf das Publikum an.

1994

(*Als Antwort auf die Frage, ob er noch einmal auf Tour gehen würde:*)
Wenn wir Pläne machen, lacht sich der Teufel ins Fäustchen... Ich möchte es nicht ausschließen, aber ich sitze auch nicht da und warte darauf, daß das Telefon klingelt.

1997

Na ja, es hat mir Spaß gemacht, aber ich hatte auch einen ziemlichen Bammel davor, denn man hat unweigerlich Angst, wenn man einen Auftritt hat, aber wenn alles gut läuft, ist es toll. Meistens habe ich drei oder vier Flaschen Rotwein gebraucht, um auf die Bühne zu gehen, was zeigt, wieviel Angst ich hatte. Aber es hat mir Spaß gemacht, und wenn alles klappte, dann war es einfach super – weißt du, der Tag ist vorüber, man ist gereist und um fünf am Flughafen angekommen, hat die Interviews und den Soundcheck hinter sich gebracht, und alles ist in Ordnung. Man ist mit seinen Musikern im Hotel, macht die Flaschen auf und fängt an, miteinander zu trinken, und irgendwann erreicht man ein Stadium, wo man das Gefühl hat, daß es zu einer gelungenen Vermählung von Wein und Musik kommen könnte. Und dann geht man auf die Bühne, die Leute sind extra gekommen, um einen zu sehen, man wird freundlich empfangen, sie

applaudieren, und man kann ihnen geben, weswegen sie gekommen sind. Aber manchmal läuft es eben auch nicht gut, und das ist dann weniger toll.
France-Inter (Radiointerview), 6. 10. 1997

Auf einer der letzten Tourneen hatten wir fantastischen Rotwein dabei. Einen Château Latour, Jahrgang 1982, der ideale Schrittmacher für das Tempo meiner Melodien. Leider war er ziemlich teuer, fast 400 Mark pro Flasche. Nachdem die Tour zu Ende gegangen war, probierte ich den Wein noch mal. Aber er besaß nicht mehr die gleiche Kraft. Dieser Wein brauchte für seine Entfaltung die Musik meiner Band – und umgekehrt.
**Focus, 17. 9. 2001*

Ich ging damals [nach der Veröffentlichung von *The Future*] auf eine lange Tour, was im Rückblick nicht unbedingt eine gute Idee war. Rund hundert Konzerte müssen das gewesen sein.

I drank a lot, sang a lot [Ich hab viel getrunken, viel gesungen (C.B.)]. Es überkam mich immer stärker das Gefühl, daß mich das nirgendwo hinführte.
**Rolling Stone (D), 10/2001*

Wirst du [mit »Ten New Songs«] auf Tour gehen?
Vielleicht, aber ich habe diesbezüglich keine Pläne. Zuvor möchte ich das Buch herausbringen, dem auch die Texte zum neuen Album entstammen.
**Rolling Stone (D), 10/2001*

Ich mag es, zu singen und zu trinken, wenn ich auf Tour bin. Das macht Spaß. Die Vorbereitungen, das Proben und das alles ist ein bißchen anstrengend, aber das Singen macht Spaß.
France-Inter (Radiointerview), 27. 6. 2001

Filme und Videos

Dokumentarfilme

Ladies And Gentlemen, Mr. Leonard Cohen (1965)

Ursprünglich war das Ganze als Film über eine Lesereise mehrerer Dichter geplant... Außer mir waren noch Irving Layton, Earle Birney und Phyllis Gotlieb dabei... Aber aus irgendwelchen technischen Gründen waren anscheinend nur diejenigen Filmsequenzen gut, wo es um mich ging... Also haben sie beschlossen, einen Film über mich zu machen, einfach um zu retten, was zu retten war.

1969

Bird On A Wire (1974)

Es fällt mir schwer, etwas Objektives über den Film zu sagen, weil ich darin so oft zu sehen bin. Jedenfalls ist es ein Film über eine Konzerttournee durch Europa, die ich 1972 mit Band gemacht habe, und er enthält viele Musikszenen. Viele meiner Songs kommen drin vor, außerdem viel Improvisation und dann natürlich noch 'ne Menge Backstage-Geschichten. Und dann gibt's da noch ein paar interessante Einzelheiten: Ich wollte in Zukunft keine Konzerte mehr geben, und [ich] dachte, daß es vielleicht eine gute Idee wäre, Filmaufnahmen von meinen Konzerten zu haben, die man dann hier und dort in Umlauf bringen könnte – einfach um die Sache am Laufen zu halten, denn ich wollte eigentlich für eine Weile von der Bildfläche verschwinden... Wir haben so viele Stunden Filmmaterial gedreht, daß schon allein der technische Aufwand die Produktion eines Films von Spielfilmlänge nötig machte... Es bestand keine dringende Notwendigkeit, einen Dokumentarfilm über diese Tour rauszubringen, aber was soll's, jetzt gibt es ihn eben... und er hat ein paar schöne Momente.

1974

Filme, Videos, Fernsehserien

(In den Achtzigern beteiligte sich Cohen an einer Reihe von Video- und Filmproduktionen.)

I Am A Hotel (1983), eine Videosequenz aus fünf miteinander verbundenen Songs

Ich fand *I Am A Hotel* nicht besonders toll. Ich hab geglaubt, der Film würde hier [in Kanada] gezeigt werden und wohlwollend aufgenommen werden, und das wär's dann. Aber dann hat ihn eine internationale Jury ausgewählt. Vielleicht ist er ja wirklich gut.

1984
(Der Film gewann im gleichen Jahr den internationalen Fernsehpreis der Goldenen Rose von Montreux. Weitere Preise in Montreal und New York folgten.)

Night Magic (1985)

(Ein Film, bei dem Cohen und sein Koautor Lewis Furey je einen Juno für die beste Filmmusik gewannen.)

Die Texte gingen mir schnell von der Hand, weil die Handlung schon grob feststand und ich die Lieder nicht singen mußte. Was für eine Wohltat, sich nicht erst neue Inhalte ausdenken zu müssen!

1985

Take This Waltz (1986)

(Ein in Granada gedrehtes Promo-Video, das in Zusammenhang mit dem »Poets In New York«-Gedenkalbum zum fünfzigsten Todestag Federico García Lorcas entstand.)

Wir sind hier nicht in der Kirche, und ich fand, daß wir etwas Wilderes, Surreales machen sollten... Das ist es, was wir Lorca zu verdanken haben – Surrealismus.

1986
(Nachdem er mitten in den Dreharbeiten vier Minunten lang einen Kopfstand gemacht hatte.)

Miami Vice (1987)

(Erfolgreiche US-Krimiserie aus den achtziger Jahren.)
Ich hab keine Ahnung vom Schauspielern. Mir sind andauernd Rollen angeboten worden. Meistens sollte ich einen Verbrecher oder einen Polizeipräsidenten spielen. Na ja, einmal habe ich eine Rolle angenommen. Ich hatte einen ungefähr zwanzig Sekunden langen Auftritt in einer Folge von *Miami Vice*. Ich spielte einen Polizeiinspektor und sagte ungefähr fünf Sätze am Telefon. Meine Kinder hatten mich dazu überredet. Sie sagten: »Dad, du mußt das einfach annehmen!«

1988

Verschiedenes

Drogen

Ich glaube, ob man es [LSD] nun nimmt oder nicht, es ist nichts, weswegen man sich quälen sollte. Niemand sollte sich als Feigling fühlen, wenn er keine Lust dazu hat. Umgekehrt sollte sich auch niemand für besonders mutig halten, wenn er es nimmt. Eigentlich ist doch sowieso jeder irgendwie auf einem Trip.

1966

Ich selbst nehme keine Drogen. Ich glaube, daß sie einem sehr schlecht bekommen. Ich glaube, Gras ist ganz schlimm. Ich sage das keinem, weil mir eh keiner glaubt. Es gibt eine ausgeprägte Kultur des Grasrauchens, und es liegt mir fern, den jungen Leuten ihr Vergnügen nehmen zu wollen. Ich hab selbst lange Zeit Gras geraucht. Ich weiß, wie es wirkt, und ich glaube, daß unsere Kultur noch nicht reif genug ist, um damit umgehen zu können.

1974

Ich kann zwar nicht die Erfahrungen eines echten Junkies vorweisen, aber ich hab eine Menge Leute kaputtgehen sehen... Und ich sehe es nicht gern, wenn jemand das Zeug nimmt... [Kokain] ist eine reine Modesache. Ich habe jahrelang mitangesehen, wie Leute Koks genommen haben, und ich glaube, es ist eine der übelsten Drogen überhaupt. Ich finde alle

Drogen schlimm, aber Kokain finde ich ganz besonders schlimm. Allerdings paßt es sehr gut in diese Welt, in dieses Schlachthaus. Es macht einen irgendwie verrückt, indem es einem ein übersteigertes Selbstbewußtsein gibt. Die Leute meinen, es würde sie für den Lebenskampf stark machen, aber in Wirklichkeit verwandelt es sie nur in sehr aggressive, manische Wesen.

1985

Ich bin inzwischen zu empfindlich. Ich würde mich im Moment nicht mit Pot zudröhnen wollen. Ich hab zwanzig Jahre in Meditationsräumen verbracht, um einen klaren Kopf zu bekommen. Ich weiß nicht, wie klar er jetzt ist, aber ich hab keine Lust, mir eins mit der Keule überzuziehen, um es rauszufinden.

1992

Ich konnte nicht mehr aufstehen, und ich konnte nicht mehr aus dem Haus gehen. Und das war noch lange

nicht das Schlimmste. Die Medikamente, die [der Psychiater] mir verschrieb, stellten mich irgendwie auf ein gewisses Level ein und bestimmten eine Unter- und eine Obergrenze, wie schlecht und wie gut es mir gehen konnte – es war, als würde ich in einem Aquarium voller Watte leben. Ein bißchen Arbeit hab ich schon noch hinbekommen, aber es war nicht gerade viel. Eines Nachts hab ich einfach damit Schluß gemacht und auf das Sicherheitsnetz der Pillen verzichtet. Und dann bin ich wieder zu mir gekommen...

1993

Ich wollte auch mal wissen, was es mit den Drogen auf sich hat. Es stimmt, daß Drogen den Geist auf Hochtouren laufen lassen. Es stimmt, daß sie dir neuen Antrieb geben, dich kreativ und unternehmungslustig machen. Aber es stimmt auch, daß sie alle Vorräte an Phantasie, Kreativität und Energie aufbrauchen. Irgendwann kommt der Moment, wo du den Schrank aufmachst, und er ist vollkommen leer, du bist am Ende. In jeder Hinsicht: Spirituell, körperlich, geistig und schöpferisch. Du mußt feststellen, daß du bankrott bist.

1994

Ich hab gut zehn Jahre gebraucht, um mich von den Drogen zu erholen, und ich kann mich noch glücklich schätzen, denn viele schaffen es nie.

1994

Über viele Jahre meines Lebens hinweg habe ich einfach unter allem gelitten, und deshalb habe ich getrunken ... Früher habe ich oft ohne Maß und Ziel getrunken. Aber wenn man älter wird, bewältigt der Magen solche Exzesse nicht mehr mit demselben jugendlichen Enthusiasmus.

Euroman 9/2001

Musik

Wenn eine andere Generation die Rockmusik genauso vorgesetzt bekommt wie wir die Dichtung, mit der gleichen analytischen Herangehensweise... dann werden sie die Rockmusik genauso zerstören, wie wir die Dichtung zerstört haben.

1972

Ich habe wirklich Hochachtung vor populären Songs – womit ich nicht Songs meine, die nur durch eine großangelegte Werbeaktion oder dergleichen hochgepuscht werden, obwohl auch die oft sehr gut sind. Nein, ich glaube, wenn ein Lied populär geworden ist, wenn es von allen gesungen wird und um die Welt geht, dann hat es meistens auch ein gewisses Etwas, und ich höre mir solche Lieder immer mit Interesse an... Ich gehöre nämlich nicht zu den Leuten, denen alles, was populär ist, sofort verdächtig ist. Ich glaube, wenn etwas populär ist, hat es oft auch etwas, was sehr wertvoll ist.

1974

Nun ja, natürlich wird meine Musik die New Wave überdauern. New Wave ist so was wie der letzte verzweifelte Versuch, dem Rock'n'Roll im kommerziellen Rahmen neues Leben einzuhauchen, aber da ist nichts wirklich Neues passiert...

1980

Ich hab mir die allererste Langspielplatte gekauft, die in Kanada herausgekommen ist. Weißt du, wir hatten bis dahin nur Schellackplatten, und die erste LP, die ich kaufte, war *Annie Get Your Gun*, ein Broadwaymusical. Es hat mir nicht besonders gefallen, ich wollte einfach die neue Technologie kennenlernen.

1985

Die Musik, die ich gerne spiele, ja selbst die Musik, die ich mir gern anhöre – wenn es nun nicht gerade Mozart ist –, das [sind] normalerweise Lieder wie *Stille Nacht*, die es schon seit ein paar hundert Jahren gibt und die ganz, ganz einfach sind. Eine schöne Tonfolge, die sich ständig wiederholt, immer und immer wieder... Das gibt's in unseren Kinderliedern, das gibt es in den indischen Mantras, und das gibt es besonders auch in der Countrymusik. Countrymusik hat in der Regel nur zwei oder drei Akkorde, und dann fängt das Gleiche wieder von vorne an. So wagt sich jeder Song ein Stückchen hinaus und kehrt dann wieder zum Ausgangspunkt zurück. Und allein schon der Wechsel von C zu F kann ausreichen, einem wohlige Schauer über den Rücken rieseln zu lassen.

1985

Cohens fünf Lieblingsmusikstücke 1985:
1. *Take These Chains From My Heart* von Ray Charles; 2. *Tangled Up In Blue* von Bob Dylan; 3. *Jezebel* von Frankie Laine; 4. *Piece Of My Heart* von Janis Joplin; 5. *Concierto de Aranjuez* von Rodrigo – »Wahrscheinlich eines der schönsten Stücke für Gitarre, das je geschrieben worden ist.«

Cohens zehn Lieblingsstücke 1988:
1. George Jones: *Window Up Above*; 2. Joni Mitchell: *A Case Of You*; 3. Bob Dylan: *Brownsville Girl*; 4. Chopin: *Etüde Op. 10, No. 1 in C-Dur*; 5. Ray Charles: *Losing Hand*; 6. Roy Orbison: *House Without Love*; 7. Edith Piaf: *La Chambre De L'Hôtel*; 8. Tom Waits: *Waltzing Matilda*; 9. Jennifer Warnes: *Famous Blue Raincoat*; 10. Patsy Cline: *I Fall To Pieces*.

Jede Art von Musik eröffnet einen Weg zu allen anderen Musikarten. Ich mag sie alle... Aber wenn ich mein Lieblingsstück für eine ganz bestimmte Stimmung nennen sollte, würde ich wahrscheinlich eine Etüde von Chopin wählen.

1988

»Anspruchslose Musik« ist eine lieblose Bezeichnung. Was einen berührt, ist nicht anspruchslos.

1995

Kritiker

Ich glaube nicht, daß mich je eine Besprechung verletzt hat. Natürlich wird man lieber gelobt als runtergemacht, aber jetzt, nach fünfundzwanzig Jahren, lese ich eine Kritik aus der Perspektive des Kritikers. Ich meine, ich lese die Kritik, um zu sehen, ob der Kerl schreiben kann, ob er gerecht ist und die Wahrheit sagt, oder ob er einfach wie ein Schläger mit seinem Knüppel am Ende einer dunklen Gasse wartet. Für mich sind es also die Kritiker, die auf dem Prüfstand stehen.

1985

Scientology

Ich hab mich mal eine Zeitlang mit Scientology beschäftigt und war von ihren »Daten«, wie sie es nennen, und von ihren Methoden und dem Stil der ganzen Organisation fasziniert. Im Gegensatz zur herrschenden Meinung hielt ich Scientology für ein sehr interessantes Phänomen, das einiges für

sich hatte. Die tatsächliche Atmosphäre innerhalb der Organisation und die Art, wie sie ihre Bewegung »verbreiteten«, zog mich dagegen weniger an, und schließlich hörte die ganze Sache auf, für mich in irgendeiner Weise interessant zu sein.
1988

Man hat dich eine Zeitlang mit Scientology in Verbindung gebracht.
Ja. Und mit der Kommunistischen Partei, mit wiedergeborenen Christen, Jesus-Freaks und anderen Heilsverkündern. Ich habe viele dieser Modelle studiert, weil ich verwirrt war, weil ich nach etwas suchte, das eine Bedeutung hat.
*Rolling Stone (D), 10/2001

Hotels

Im Hotel hat man immer das Gefühl, man ist auf der Flucht und solange man dort ist, ist man sicher. Es ist ein Ort, wo man Luft holen kann. Das Hotelzimmer ist eine Oase im Stadtzentrum. Eine Art Zufluchtsort, ein Tempel der Ruhe.
1964

Na ja, ich hab mal ein paar Schallplatten besessen, aber ich bin so lange von einem Hotelzimmer ins nächste gezogen, daß ich jetzt Kassetten kaufe. Aber ich lasse sie immer noch überall liegen.
1985

Fanpost

Ich bekomme zum Teil wirklich bewegende Post, und manche schreiben Sachen, die so persönlich sind, daß ich nicht mal wagen würde zu antworten. Denn damit würde man sich auf einen Briefwechsel mit einem Menschen einlassen, dem man höchstwahrscheinlich nicht helfen könnte... Ich glaube, daß es etwas sehr Heikles ist, mit jemandem zu vertraut zu werden, der nicht wirklich zum eigenen Leben dazugehört.
1985

Politik

Egal, wie sehr der Kapitalismus seine einzelnen Bestandteile im Klammergriff haben mag – dieser Klammergriff scheint mir ein sehr viel sanfterer zu sein, als der aller anderen Systeme, die sich die Menschheit so ausgedacht hat.
1993

Meiner Ansicht nach ist die Demokratie die Religion der westlichen Welt.
1993

Ich habe kein Recht, über Arm oder Reich zu sprechen. Ich bin kein vertrauenswürdiges politisches Wesen ... Ich versuche auf die Welt zu reagieren, allerdings nicht von einer bestimmten politischen Position aus, sondern durch den Filter des Herzens. Kein Slogan, kein Manifest.
*Die Zeit, 4. 10. 2001

Wenn du heute so alt wärst [wie deine Kinder], würdest du in Prag oder Seattle Steine werfen?

Nein, ich würde Kieselsteine polieren (lacht).
ABC, 22. 7. 2001

Israel

Ich weiß, was ein Volk zum Überleben braucht. Jetzt, wo ich älter geworden bin, bin ich weniger zurückhaltend, wenn es darum geht, in dieser Fragestellung zu beziehen, denn mir ist bewußt, daß wir diejenigen sind, die die Bibel geschrieben haben. Im Idealfall bewohnen wir also auch eine biblische Landschaft. Dort sollten wir unseren Platz einnehmen, ohne uns zu entschuldigen.
1994

Zur Frage, was er von der israelischen Siedlungspolitik halte:

Das ist eine schwierige Frage. Meine Sympathie ist geteilt, ich wünsche beiden Seiten das Beste. Vor allem aber mache ich mir Sorgen um das Überleben Israels. In meinem Denken kommt Israel mit seiner gegenwärtigen Regierung [Sharon] und deren

Politik irgendwie zuerst. Letzte Woche habe ich allerdings im Koran gelesen, und dort ist von Versöhnung, Frieden und Mitleid die Rede. Ich habe Hoffnung, daß es eine Lösung geben wird, auch wenn ich nicht weiß, wie sie aussehen kann. Mir ist klar, daß es eine tragische Situation ist, daß auch die Palästinenser einen Platz zum Leben finden müssen, genauso wie die Juden. Das Problem dabei ist, daß Gott jedem der beiden Völker aufgetragen hat, auf dem gleichen Fleck Erde zu leben.

El Mundo, 26. 9. 2001

Coverversionen

Eine der großen Freuden meines Künstlerlebens ist es immer gewesen, Leute meine Lieder singen zu hören. Und damit meine ich nicht nur die Musiker, die sie auf Platte aufnehmen, also Profis. Nein, ganz egal, wer es ist, es ist in jedem Fall etwas Besonderes für mich, wenn jemand eines meiner Lieder singt. Ich hab da nie große Ansprüche gestellt. Wenn ich an einer Gruppe Jugendlicher vorbeikomme, und einer hat 'ne Gitarre in der Hand und fängt an *Bird On The Wire* oder *Suzanne* zu singen, dann berührt mich das nach wie vor sehr tief.

1974

Noch nie hat jemand eins meiner Lieder schlecht gespielt. Ich bin jedem dankbar, der meine Songs nachspielt.

1995

Tribute-Alben

Famous Blue Raincoat (1987)

(Ein bahnbrechendes Album, das eine Auswahl aus Cohens Songs präsentierte.)

Jennifer [Warnes] hat das Ganze auf die Beine gestellt, und ich bin ihr sehr dankbar dafür, denn das sind meine Lieder, und das Album hat mich in größeren Kreisen Amerikas in gewisser Hinsicht rehabilitiert. Aber ich halte es auch für *ihr* bestes Album. Man lernt, zu hoffen, aber nichts zu erwarten, und ich hatte gehofft, daß die Platte Anklang finden würde, aber, wie gesagt, ich habe es bestimmt nicht erwartet.

1988

Ich habe ihre Absicht, ein eigenes Album mit meinen Songs rauszubringen, immer als einen Ausdruck der Freundschaft betrachtet, denn wir sind uns immer sehr nahe gewesen. Wir hatten seit 1972 zusammengearbeitet und waren seither befreundet. Aber sie hat wirklich eine Plattenfirma nach der anderen abgeklappert, und bei allen größeren Labels hat man sie ausgelacht. Eine Platte mit Cohen-Songs war nach Meinung der Plattenbosse das letzte, was der Markt brauchte.

1994

I'm Your Fan (1991)

(Dieses Album weckte nach einer Zeit der Stille, die auf »I'm Your Man« und die Tourneen von 1988 gefolgt war, neues Interesse an Cohens Schaffen. Unter anderem lieferten John Cale, Ian McCulloch, Nick Cave, Fatima Mansions und R.E.M. einen Beitrag.)

Das Album war eine Überraschung, eine Art Geschenk. Ich hatte mit der Auswahl der Interpreten und der Lieder nichts zu tun... Natürlich war ich sehr gerührt.

1991

Tower of Song (1995)

(Im Gegensatz zu »I'm Your Fan« wurden Cohens Songs hier von Interpreten gecovert, die eher dem Mainstream angehören.)
Light As The Breeze von Billy Joel – genauso hat es mir vorgeschwebt. Ich glaube, als ich es [für *The Future*] aufgenommen habe, war ich einfach zu müde, um es so hinzukriegen, wie es sein sollte.

1995

Ich finde, daß einige dieser Covers mit zu den besten Sachen zählen, die die jeweiligen Künstler gemacht haben. Sie klingen ganz nach sich selbst, wenn sie diese Lieder interpretieren.

1995
(Weitere Interpreten waren etwa Elton John, Suzanne Vega, Peter Gabriel und Bono.)

Cohen über andere Künstler

Ich höre mir [ein Lied] an, als würde da jemand eine Geschichte erzählen und sein Innerstes offenlegen. Ich interessiere mich für den Menschen dahinter. Wenn ich eine Stimme höre, höre ich einen Menschen, der seine persönliche Geschichte erzählt und seinen Charakter offenbart. Ich möchte hören, ob er lügt oder nicht. Ich möchte hören, ob er eine Schau abzieht oder nicht. Ich möchte hören, ob er traurig ist oder ob er nur so tut als ob, ich möchte sein Können und die Gefühle hören, die er in genau diesem Moment zum Ausdruck bringt. Selbst wenn sich das Ganze gegen ihn selbst richtet oder fast gegen seinen Willen zum Ausdruck kommt oder wenn er eine bestimmte Wirkung erzeugen oder sie vermeiden will. Er erzählt seine Geschichte, und wenn man einen guten Sänger hört, also, was ich einen guten Sänger nenne – da brauche ich nicht mal seinen Namen zu kennen –, dann ist der eben deshalb so gut, weil er sich selbst nicht verstecken kann.
1974

Bob Dylan

In meinen Augen ist Dylan der Picasso des Songs.
1985

Natürlich haben mir seine Sachen auf Anhieb gefallen. Aber ich hatte schon lange etwas ganz Ähnliches gemacht. Ich hatte schon jahrelang Gedichte geschrieben, und ich hatte schon mehrere Bücher veröffentlicht, bevor ich je Dylan gehört habe. In gewisser Hinsicht lebte ich in der gleichen Welt wie er, und so hab ich natürlich erkannt, wie genial er war, aber ich habe auch eine gewisse Verwandtschaft in unserem Werk erkannt.

1985

Als er seine christlichen Platten rausbrachte, sind Leute zu mir gekommen und haben gesagt: »Der Typ ist am Ende« oder: »Er kann nicht mehr zu uns sprechen.« Ich fand, daß diese Lieder zu den allerschönsten Gospelsongs gehörten, die je geschrieben worden sind.

1985

Mir ist es immer so vorgekommen, als sei *ich* derjenige gewesen, der Dylan erfunden hat. Und zwar was seinen ungeheuren Erfolg, seine enorme Begabung angeht... In meiner eigenen Gedankenwelt und selbst in den Köpfen von drei- oder vierhundert Leuten in Montreal bin eben ich diese Figur gewesen. Ich war der einsame Mann im schwarzen Anzug, der mit der Gitarre über der Schulter durch die Straßen von Montreal zieht – lange Zeit bin *ich* das gewesen. Ich hatte Bücher veröffentlicht, ich hatte Lesungen gehalten, ich lebte diesen Mythos vom Vagabundenleben, in dem ich vom Glück gesegnet und unglaublich erfolgreich war. Als ich dann sah, was Dylan geschafft hatte, waren für mich weniger seine Sachen das Entscheidende, obwohl die wirklich verblüffend gut waren. Aber ich hatte ja selbst schon mehrere Bücher veröffentlicht und mein eigenes poetisches Talent weiterentwickelt. Er hat mich also nicht dahingehend beeinflußt, daß ich Songs hätte schreiben wollen, wie sie Dylan geschrieben hat. Nein, es war die Stellung, die er einnahm, seine Rolle, die mich tief getroffen hat. Er war der Junge, der aus dem Nebel getreten war.

1988

Er ist ein unglaublich produktiver Songschreiber. Was um so verblüffender ist, als sein Level keinen besonderen Schwankungen unterliegt. Er schaffte es, über die vielen Jahre nahezu gleichbleibend gut zu schreiben.
*Rolling Stone (D), 10/2001

Janis Joplin

Mich hat ihr Tod sehr traurig gemacht. Nicht weil da jemand gestorben ist, das ist an sich nichts Schlimmes. Aber ich fand ihre Sachen so toll. Sie war so gut, daß man einfach das Gefühl hat, daß sie uns viel zu wenig hinterlassen hat. Es gibt einen Typ Künstler, dessen Licht nur eine sehr kurze Zeit und dafür um so heller leuchtet: Leute wie Rimbaud, wie Shelley, Tim Buckley. Und Janis gehörte da auch dazu.

1976

Sie kam von ihren Konzerten zurück, wo sie fünfundzwanzigtausend Leute in helle Begeisterung versetzt hatte, und hielt nach jemandem Ausschau, mit dem sie einen trinken gehn konnte. Ich hab sie öfters herumwandern und jemanden suchen sehen, mit dem sie sich unterhalten konnte... Ich war mit Sicherheit nicht die Liebe ihres Lebens, aber ich hab sie sehr gern gehabt.

1984

Nico

Ich bin in einen Club namens The Dom rein, und drinnen sang eine Frau, die aussah, als wäre sie direkt aus einem Naziposter herabgestiegen. Das war Nico, die perfekte arische Eiskönigin. Ich habe einfach nur noch dagestanden und gedacht: »Vergiß die neue Gesellschaft. Das ist die Frau, die ich immer gesucht habe.« Ich bin ihr durch ganz New York hinterhergelaufen. Irgendwann hat sie dann gesagt: »Hör mal zu, ich steh auf junge Männer. Du bist einfach zu alt für mich.«

1995

Lou Reed

Es war Nico, die mich mit Lou Reed bekannt gemacht hat... Er war einer der frühen Leser von *Schöne Verlierer*, und er fand das Buch gut. Ich schätze, er hat damals nicht gerade viel Komplimente für seine Sachen bekommen – bei mir war es jedenfalls garantiert so. Also haben wir uns gegenseitig erzählt, wie gut wir sind.

1974

Judy Collins

Ich hab Judy Collins ein paar meiner Songs vorgesungen, und sie haben ihr gut gefallen. Dann bin ich zurück nach Montreal. In dieser Zeit [um 1966] hab ich eine ganze Reihe von Songs geschrieben, und *Suzanne* war einer davon. Ich habe Judy Collins angerufen, irgendwie den Hörer zwischen Ohr und Schulter geklemmt und ihr *Suzanne* vorgespielt. Und sie meinte: »Das werde ich gleich diese Woche im Studio aufnehmen.«

1986

Phil Spector

Ich mag Phil Spector sehr. Ich glaube, er ist eine der großen, wirklich herausragenden Persönlichkeiten auf seinem Gebiet. Es ist nur so, daß ich nicht besonders scharf auf Größe bin.

1979

Na ja, ich dachte, ich würde mit meiner Entscheidung, mit Phil Spector zu arbeiten, dem richtigen Instinkt folgen. Er ist als Komponist, Musiker und musikalischer Kopf jemand, den ich außerordentlich bewundere, und ich hab mir mein ganzes Leben lang seine Sachen angehört... Er ist noch viel verrückter, als die Leute behaupten, aber er kann auch ein sehr lieber Mensch sein. Wenn man mit ihm allein ist, ist er unglaublich gastfreundlich und entgegenkommend, aber sobald er ein Publikum hat, führt er sich auf wie so'n Medici-Fürst. Er verwandelt sich in einen mittelalterlichen Tyrannen, und dann wird's ein bißchen schwierig mit ihm.

1985

Ich selbst habe ihn seit der Zeit [von *Death Of A Ladies' Man*] nicht mehr gesehen. Wir sind halt beide eher zurückgezogene Menschen. Da ist es fast unmöglich, sich mal zufällig auf einer Party zu treffen.

die tageszeitung, 13./14. 10. 2001

John Hammond (Cohens erster Produzent)

Für mich ist John Hammond immer der vorbildliche Vertreter einer Menschenklasse gewesen, die man die amerikanische Aristokratie nennen könnte. In Sachen Musik und in seinem Umgang mit Musikern steht er seit jeher für eine gewisse Redlichkeit, für moralische Grundsätze. Ich glaube nicht, daß es in diesem Land noch jemanden von seiner Statur gibt.

1986

Ich wußte, wer John Hammond war, bevor ich ihn kennenlernte. Mary Martin rief bei ihm an und fragte, ob er sich nicht mal ein paar meiner Songs anhören wollte. Und John rief dann mich an und meinte: »Leonard, hättest du nicht Lust, mit mir zu Mittag zu essen?« Ich wußte, was er für die amerikanische Musik geleistet hatte, welche Leute er zu Columbia gebracht hatte. Wenn es also einen Mann gab, auf den Verlaß war, dann war es John Hammond. Ich wohnte im Chelsea Hotel in der 23sten Straße, wir trafen uns in der Lobby, und er ging mit mir in ein Restaurant in derselben Straße, das heute nicht mehr existiert, und spendierte mir ein richtig gutes Essen. Wir haben uns eigentlich über kein bestimmtes Thema unterhalten. Er wollte mir wohl die Befangenheit nehmen, und ich hab das damals sehr zu schätzen gewußt. Irgendwann sagte er: »Komm, laß uns ins Hotel zurückgehen, und vielleicht kannst du mir ja ein paar Songs vorspielen.«

Also sind wir hoch in mein Zimmer oben im Chelsea Hotel. Es ist schwer, jemandem einfach so was vorzuspielen, ohne sich warmgespielt zu haben, aber wenn es irgend jemanden gibt, für den man das machen kann, dann ist es John Hammond. Er hat es einem leichtgemacht... Ich hab ihm sechs oder sieben Songs vorgesungen, und er hat die ganze Zeit über kein Wort gesagt. Als ich dann mit diesen sechs oder sieben Sachen fertig war, meinte er nur: »Gratuliere, Leonard.« Ich wußte nicht genau, ob er den Vertrag oder meine Begabung meinte, aber es hat mich natürlich sehr gefreut. Und keine Woche später war ich bei Columbia im Aufnahmestudio, und John saß im Kontrollraum.

1986

Bob Johnston, Plattenproduzent

Er ist ein wundervolles Original; ein Typ, wie aus einem Roman entsprungen. Seine große Begabung bestand darin, es im Studio einfach laufen zu lassen. Er hat sich selten bei irgendwas eingemischt. Er hat Musiker ausgesucht, die es richtig draufhatten, und war meistens damit einverstanden, wie sie's haben wollten. Seine wahre Klasse zeigte sich in der Atmosphäre, die er im Studio erzeugte. Er ist außerordentlich entgegenkommend und immer gut drauf. Ich weiß nicht, wie es in seinem Innern aussieht, aber wenn er im Studio arbeitet, scheint er der glücklichste Mensch auf der ganzen Welt zu sein. Er ist dort völlig in seinem Element, und damit spornt er die anderen an. Wenn man einen Fehler macht oder alles vermasselt, oder wenn man statt einem Take dreißig braucht, dann ist er beim dreißigsten Take immer noch genauso gut gelaunt wie beim ersten. Ich hab ihn überredet, Orgel zu spielen. Bob ist eigentlich kein Keyboarder, aber ich mag seine Art zu spielen, er spielt einfach nur eine Note und hält sie über vier Takte... Wir haben sogar einen Film, wo er an der Orgel einschläft, mit dem Finger auf der Taste. Aber es ist die richtige Taste.

1985

Joni Mitchell

Ich interessiere mich immer dafür, was Joni Mitchell gerade macht.

1975

Was meine eigenen musikalischen Vorlieben betrifft, so höre ich mir am liebsten die Musik meiner Freunde an, die Musik von Leuten, die ich kenne. Joni Mitchell ist vermutlich der Beethoven der Popmusik. Ich würde wahrscheinlich ihrem Album *Blue* den Vorzug geben, aber ihre Sachen sind alle erstklassig.

1988

Sonstige

Ich kann mich noch an eine Szene mit Sam Gesser erinnern – Sam ist so eine Art kanadischer John Hammond, jemand, der sehr vielen Sängern und Musikern in Kanada geholfen hat –, ich sagte also zu ihm: »Ich glaube, ich hab da ein gutes Lied.« Ich spielte ihm [*Suzanne*] vor, und er meinte: »Weißt du Leonard, es gibt eine Menge solcher Lieder.«

1986

Mick Jagger hab ich mal in der Lobby des Plaza Hotels getroffen, und er fragte: »Bist du in New York, um eine Dichterlesung zu halten?«

1974

Als ich mit diesen Typen [den Rolling Stones] in Kontakt kam, war ich schon ein bißchen älter als andere. Ich hatte in meiner Jugend ältere und wesentlich schockierendere Leute kennengelernt, die mich umgehauen hatten, also bestand auch kein Anlaß, mich vom Stones-Fieber der Jüngeren anstecken zu lassen.

1974

Mir gefällt auch Van Morrison sehr, besonders sein hervorragendes Album *Veedon Fleece*.

1975

Allen Ginsberg ist heute in den USA wahrscheinlich der größte lebende Dichter. Er hat Dylan ungeheuer beeinflußt, und er hat der amerikanischen Lyrik in den späten Fünfzigern eine völlig neue Richtung gegeben. Er

hat sich damals als Dichter der Beat Generation einen Namen gemacht, war ein Kumpel von Jack Kerouac und Gregory Corso. Die drei – sie waren zu dritt oder zu viert –, haben ein Fenster aufgestoßen und für frischen Wind in der Dichtung gesorgt.
1985

Ich hab mir vor ein paar Jahren in New York Alberta Hunter angehört. Sie war damals zweiundachtzig, und es war einfach toll, die Erfahrung zu hören, die aus der Stimme dieser Frau sprach... Mir sind in jedem ihrer Sets die Tränen gekommen... Man spürte, daß sie wußte, worüber sie sang, und wenn sie am Schluß »Gott segne euch« sagte, dann fühlte man sich wirklich gesegnet.
1985

Jennifer [Warnes] ist eine enge Freundin von mir, und 1972 war sie meine Backgroundsängerin. Selbst 1979, als sie Hits wie *Right Time Of The Night* hatte und ihre Karriere eine viel sicherere Angelegenheit war als meine, war sie auf einer langen Europatournee als Backgroundsängerin dabei. So halten wir uns also gegenseitig die Treue. Ich glaube, im Moment ist sie so ziemlich die beste Sängerin Amerikas, die beste Popsängerin jedenfalls, und ich finde, daß sie sehr unterschätzt wird. Sie hat vermutlich die beste Stimme im ganzen Geschäft.
1988

Ray Charles ist der Größte. Ich glaube, allein was stilistische Perfektion angeht, gibt es niemanden, der ihm das Wasser reichen kann.
1988

Ich habe mich immer Sängern wie Coil oder sogar Mr. Mister oder The The verwandt gefühlt. Da ist es für mich interessant, zu hören, daß Suzanne Vega mich als einen ihrer Einflüsse nennt.
1988

Dieses seltsame Etwas, das wir »Erfahrung« nennen und

das wir in der Stimme von Fats Domino hören und in der Stimme von Aretha Franklin, ist etwas, was untrennbar mit dieser Stimme verbunden ist, etwas, was erkennen läßt, daß hier jemand gelebt und gelitten hat. Diese Leute haben ihren Kampf gekämpft, und genau das ist es, was ich in der Stimme eines Sängers oder einer Sängerin hören möchte. Da gehört viel mehr dazu als nur Ironie. Da spielt Optimismus mit rein, und da spielen Verzweiflung und Trauer mit rein und so viele andere Sachen, daß man sie alle vergißt und einfach nur noch weiß, daß man einer Stimme lauscht, einer Stimme, aus der die Erfahrung spricht.

1988

Ich glaube, für die Kanadier war es ein großer Schock, als sie zum ersten Mal jenem Wesen begegneten, das man »der Dichter« nennt. [Irving] Layton war nämlich keiner von diesen verweichlichten, an Blumen schnuppernden Typen im Umhang. Er war ein richtiger Raufbold, eine Kämpfernatur.

1993

Schade, daß ich nicht mit diesem jungen Mann [Kurt Cobain] habe sprechen können. Ich begegne im Zen-Center vielen jungen Leuten, die eine Drogenphase durchgemacht haben und die einen Weg herausgefunden haben, ohne deswegen gleich in die Sonntagsschule zu rennen. Es gibt immer Alternativen, und vielleicht hätte ich ihm helfen können. Vielleicht aber auch nicht.

1995

Neuere Musik höre ich so selten wie beiläufig. Ich kann nicht behaupten, daß viel davon bei mir hängenbleibt. Doch, eine Platte fällt mir ein. Das letzte Album von George Jones. Wirklich beeindruckend, welche Breite von Ausdrucksmöglichkeiten seine Stimme noch immer hat. Hinzu kommt, daß die Geschichten, die er erzählt, an Glaubwürdigkeit gewinnen, je älter er wird.

Mir gefällt diese Idee: *an old guy telling stories* [ein alter Kerl, der Geschichten erzählt (C.B.)]. So, daß sie dich berühren.
*Rolling Stone (D), 10/2001

Adam Cohen

Ich sag dir mal einen Sänger, den ich wirklich mag... meinen Sohn Adam... Seine Sachen sind großartig, überhaupt nicht mein Stil... Er ist ein richtiger Sänger, er krächzt nicht wie sein Vater.
1997

Man sieht es immer mit großer Sorge, wenn sich die eigenen Kinder auf dieses Abenteuer einlassen, das sich grob mit »Showbusiness« umschreiben läßt. Man drückt ihnen unentwegt die Daumen. Ich weiß, daß es Loudon Wainwright und Bob Dylan genauso geht, und so empfinden alle Eltern, wenn ihre Kinder da einsteigen. Auch wenn das alles hochbegabte junge Leute sind – das sind ja nicht einfach Kids, die sich die Namen ihrer Eltern zunutze machen würden, sondern das sind wirklich außerordentlich begabte junge Leute. Und trotzdem drückt man ihnen die Daumen, einfach weil es kein leichter Job ist ... Natürlich spielt das Umfeld eine große Rolle, aber irgendwie bestimmt die Art und Weise, wie Kinder sich von sich aus entwickeln, über ihr ganzes Leben. Man kann sich wirklich nicht in das Schicksal eines anderen Menschen einmischen, noch nicht mal, wenn es sich um das eigene Kind handelt.
France-Inter (Radiointerview), 27. 6. 2001 (Adams Debut-CD »Adam Cohen« erschien 1998.)

Die anderen über Cohen

Ein Freund hat mir von ihm erzählt: »John, da gibt es so 'nen Dichter aus Kanada, ich glaube, der würde dich interessieren. Spielt ganz gut Gitarre und ist ein toller Songwriter, aber er kann keine Noten lesen und ist überhaupt irgendwie ein sehr schräger Typ. Ich glaube nicht, daß er für Columbia interessant sein könnte, aber dich wird er vielleicht interessieren.« Ich sagte »okay«... und hab mir den Kerl angehört. Er wirkte geradezu hypnotisierend. Spielte natürlich akustische Gitarre. Und war ein echter Dichter, ein sehr empfindsamer Typ. Ich fand, daß er eine Art Zauber ausübte, denn das ist das einzige treffende Wort dafür, und er war anders als alles, was ich je zuvor gehört hatte. Ich glaube, ich suche immer nach Leuten, die einfach echte Originale sind, und die sind schwer zu finden, denn davon gibt's nicht viele auf der Welt. Aber Leonard setzte seine eigenen Maßstäbe, und er war wirklich ein erstklassiger Dichter, was außerordentlich wichtig war. Bei Columbia schauten sie mich alle nur an und sagten: »Mein Gott, ein vierzigjähriger kanadischer Poet, wie sollen wir denn den verkaufen?« Ich sagte nur: »Hört ihn euch an.« Und siehe da – Columbia hat ihn unter Vertrag genommen.

*John Hammond 1986
über sein erstes Treffen
mit Cohen 1967*

Er kam in Schlafanzug und Regenmantel und brauchte zwanzig Minuten zum Stimmen. »Die werden ihn umbringen«, dachte ich... Dann brachte er das Verrückteste, was ich je gesehen habe: Er hat den Drachen bezähmt. Diese eine, traurige Stimme schaffte ganz allein, was ein paar der besten Rocker der Welt drei Tage lang vergeblich versucht hatten.
Kris Kristofferson 1994 über Cohens Auftritt auf dem Isle Of Wight Festival 1970

Leonard ist der einzige Mensch, den ich kenne, der wirklich über das Begriffliche hinausgeht, der mit abstrakten Begriffen nichts am Hut hat, nicht in Begriffen oder Ideen denkt. Auch von ihm könnte man sagen, was mal wer über Yeats gesagt hat, »sein Geist ist nie von einer Idee geschändet worden« oder so ähnlich. Er denkt mit dem ganzen Körper, und ich glaube, er hat irgendwann erkannt – vielleicht war es im Mutterleib –, daß vorgefertigte Begriffe die Erfahrung verdecken oder verzerren. Und er will die lebendige, unmittelbare Erfahrung, in all ihrer Frische und Neuheit. Das Entscheidende ist allerdings, daß er auch wirklich so lebt. Sein ganzes Leben ist der beste Beweis dafür. Sein Werk ist der Beweis dafür. Er *ist* einfach nur – und dadurch verblüfft und verwirrt er seine Gegner, bis sie sich schließlich geschlagen geben müssen.
Irving Layton, kanadischer Dichter, 1974

Leonard ist der verantwortungsbewußteste Mensch, den man sich vorstellen kann. Er war immer für die Kinder da.
Suzanne Elrod

Leonard, wir wissen, daß Sie ein großer Künstler sind. Wir wissen nur nicht, ob Sie auch gut sind.
Angebliche Äußerung des Columbia-Chefs Walter Yetnikoff, nachdem er ein Vorab-Tape von »Various Positions« gehört hatte, 1984

Ich höre viel Leonard Cohen... Mit den Jahren ist er recht abgeklärt und umgänglich geworden. Früher hat er ausgesehen wie Dustin Hoffman und gesungen wie Bob Dylan. Heute ist er vor allem als Leonard Cohen überzeugend.
Tanita Tikaram, 1989

Wir haben gerade eine Coverversion von Cohens *Let's Take Manhattan* [sic] aufgenommen. Mit gewaltigen Drums und kreischenden Gitarren. Klingt, als hätten sich The Gang Of Four und Sonic Youth mit Neil Young zusammengetan.
R.E.M.-Gitarrist Peter Buck über R.E.M.s Beitrag zu »I'm Your Fan«, 1991

Ich hab *Chelsea Hotel* genommen, weil das die einfachsten Akkorde hatte.
Lloyd Cole über sein Cover auf »I'm Your Fan«, 1985

Natürlich gibt es bei ihm einen Widerstreit zwischen dem Heiligen und dem Sünder. Leonard hat sich immer nach Heiligkeit gesehnt. Und zugleich hatte er sicher auch einen stark hedonistischen Zug, wie fast jeder Dichter oder Künstler. Das kommt daher, daß der Künstler sich ganz dem Genuß verschrieben hat, und zwar vor allem dem Genuß, den er anderen verschafft. Und wenn dabei auch für ihn selbst ein bißchen was abfällt, dann um so besser.
Irving Layton, 1993

Ihn letztes Jahr auf der Bühne zu erleben, war... als würde man ein Zimmer betreten, sich eine Weile in diesem magischen Zimmer umsehen, und dann steht man wieder draußen, und alles ist vorbei. Es war wie im Traum, weißt du, es war wie in den Gedanken, die einem mitten in der Nacht durch den Kopf spuken, und das ist es, was den Künstler ausmacht: Ein Künstler hat die Gabe, einen in etwas hineinzuziehen... Man ist drinnen, aber nur so lange, wie man eben vor dem Gemälde steht, und sobald man geht, ist es vorbei...

Und ich finde, mit Leonard ist es genauso.
Suzanne Vega, 1994

Ich verstehe das Album so, als würde ich mit einer Taschenlampe mal hierhin und mal dorthin leuchten und sagen: »Schaut euch mal das an, ist das nicht toll?!«... Ich wollte den Leuten einfach bloß sagen: »Habt ihr vergessen, was schön ist? Habt ihr vergessen, was wirklich super ist? Ich zeig's euch – hier ist es, vergeßt es nicht wieder.«
Jennifer Warnes über ihr 1987er Album »Famous Blue Raincoat«, das nur Cohen-Songs enthält, 1994

Ich bin in Montreal aufgewachsen, wo Leonard Cohen die große Nummer war. Ich höre seine Sachen schon seit frühester Jugend. Mir hat immer Musik gefallen, bei der es besonders auf die Texte ankommt.
Michael Timmins, Leadgitarrist von The Cowboy Junkies, 1994

Je älter er wird, um so besser wird er als Lyriker – ein sicheres Zeichen, daß er geistig jung geblieben ist.
Allen Ginsberg, 1994

Als ich aus Los Angeles weg bin, haben meine Freunde gemeint, das wäre glatter Selbstmord, denn außerhalb von L. A. wäre nichts los... Aber wenn Leonard mein Ruin war, dann im Gegenteil dadurch, daß er mir all diese neuen Welten eröffnet hat! Wo sonst konnte man so gute Songs mit so guten Musikern singen? Wenn ich bei Leonard eines gelernt habe, dann, um jeden Preis ehrlich zu sein.
Perla Batalla, Sängerin und Songwriterin, die 1988 und 1993 mit Cohen auf Tour war, 1994

Es hat total viel Spaß gemacht mit ihm... Er hat eigentlich keine richtige Stimme, aber es ist eine wirklich großartige Stimme, so wie die von Dylan oder Lou Reed.
Elton John über ihr 1993er Duett »Born To Lose«, 1994

Ich habe in meinem Testament bestimmt, daß sein [Song] *Closing Time* auf meiner Beerdigung gespielt werden soll.
Val Hennessy, Schriftsteller, 1996

Erst als ich mich mit Leonard Cohen befreundet hatte, der einige meiner frühen Hits geschrieben hat, bin ich überhaupt auf die Idee gekommen, selbst zu komponieren. Ohne Leonards Beistand und Ermunterung hätte ich nie auch nur einen Song geschrieben.
Judy Collins, 1996

Zum Schluß

Segen...

Hiermit erteile ich euch den alten priesterlichen Segen, heiliges Zeugnis des ungebrochenen Glaubens, der die Generationen bindet: Möge der Herr euch behüten und bewahren.
Möge der Herr seine Gnade walten lassen über euch.
Möge der Herr euch sein Antlitz zuwenden und euch das Geschenk des Friedens zuteil werden lassen.
1994

Zwischenbilanz...

Meine Karriere läßt sich wohl in drei Worten zusammenfassen: »Erstaunliches Glück gehabt.« Ich kann wirklich nicht viel mehr dazu sagen als »Danke«.
1997

Ich möchte gerne weiterarbeiten. Ich hoffe, daß ich nicht morgen tot umfalle. Ich habe eine ganze Reihe neuer Songs, an denen ich arbeite, und ich habe wieder damit angefangen, meine Lieder auf der Gitarre zu komponieren. Und dann möchte ich auch noch die Sachen veröffentlichen, die ich auf dem Mount Baldy geschrieben habe. Es ist nicht so, daß ich in meinem Leben versucht hätte, eine bestimmte Vision umzusetzen. Ich hatte einfach das Bedürfnis zu arbeiten. Ich habe meine Arbeit gemacht, und mir war klar, daß ich zu nichts anderem taugte. Ich bin nun Mitte sechzig. Ich behaupte nicht, mein Heil gefunden zu haben oder Antworten zu wissen oder sonstwas. Ich bin nicht erlöst. Aber andererseits ist es auch nicht so, daß meine Schaffenskraft erschöpft wäre.

Spin, 3/2002

... und ein guter Rat

Die jungen Leute kommen und fragen, ob ich ihnen nicht einen Rat geben kann. Gewöhnlich sage ich dann: »Ich habe einen sehr guten Rat für euch, er besteht aus einem einzigen Satz: ›Bleibt aus der Schußlinie!‹«

1997

Quellen

Die für die Aktualisierung hinzugefügten Textpassagen entstammen folgenden Quellen:

Zeitungen und Zeitschriften

ABC (Spanien), 22. 7. 2001
Buzz (USA), 4/1998
Euroman (Dänemark), 9/2001
Focus, 17. 9. 2001
Maclean's Magazine (Kanada), 15. 10. 2001
El Mundo (Spanien), 26. 9. 2001
La Nazione (Italien), 25. 11. 1998
Optimum (Frankreich), 10/2001
Rolling Stone (Deutsche Ausgabe), 10/2001
Der Spiegel, 1. 10. 2001
Spin (USA), 3/2002
die tageszeitung, 13./14. 10. 2001
Times of India, 7. 2. 1999
The Toronto Star (Kanada), 1. 8. 1999
Toronto Globe and Mail (Kanada), 1. 9. 2001
Die Zeit, 4. 10. 2001

Rundfunk

France-Inter (Radiointerview), 6. 10. 1997
France-Inter (Radiointerview), 27. 6. 2001
KCRW (Radiointerview) (USA), 18. 2. 1997

Bildlegenden

1 90er Jahre.
2 In seinem Haus auf Hydra, Anfang der 70er Jahre.
3 70er Jahre.
4 In Montreal.
5 90er Jahre.
6 70er Jahre.
7 90er Jahre.
8 Links: 70er Jahre.
　Rechts: 90er Jahre.
9 90er Jahre.
10 90er Jahre.
11 90er Jahre.
12 Promotionfoto für die CD *Ten New Songs*, 2001.
13 Oben: Im Zenkloster (Mount Baldy).
　Unten: Bei der Meditation.
14 Promotionfoto für die CD *Ten New Songs*, 2001.
15 Promotionfoto für die CD *Ten New Songs*, 2001.
16 Promotionfoto für die CD *Ten New Songs*, 2001.

Bildnachweis

Norman Lomax/Rex: 1
Frank Spooner Pictures: 2
Pictorial Press: 3,4,6
Robin/Retna: 5
Rex Features: 7
Lars Hols: 8 links
Christof Graf/Omnibus Press: 8 rechts
Renaud Monfourny: 9,11
Paul Harris/Alpha: 10
Columbia/Sony Music: 12,14,15,16
Eric Mulet: 13 oben, 13 unten

Diskographie

Songs Of Leonard Cohen, 1968, Columbia
Songs From A Room, 1969, Columbia
Songs Of Love And Hate, 1971, Columbia
Live Songs, 1973, Columbia
New Skin For The Old Ceremony, 1974, Columbia
Greatest Hits (Titel in Europa: *The Best Of Leonard Cohen*), 1975, Columbia
Death Of A Ladies' Man, 1977, Columbia
Recent Songs, 1979, Columbia
Liebesträume, 1980, CBS Deutschland
Various Positions, 1984, Columbia
I'm Your Man, 1988, Columbia
So Long, Marianne, 1989, CBS Records
The Future, 1992, Columbia/Sony Music
Cohen Live – Leonard Cohen Live in Concert, 1994, Columbia/Sony Music
More Best Of Leonard Cohen, 1997, Columbia/Sony Music
Field Commander Cohen: Tour Of 1979, 2001, Columbia/Sony Music
Ten New Songs, 2001, Columbia/Sony Music

Bibliographie

Let Us Compare Mythologies, Toronto 1956.
Laßt uns Mythologien vergleichen, Frankfurt 1976.
The Spice-Box Of Earth, Toronto 1961.
Die Gewürzdose der Erde, Frankfurt 1976.
The Favorite Game, New York 1963.
Das Lieblingsspiel (aus dem Amerikanischen von Elisabeth Hannover-Drück), Frankfurt 1972.
Flowers For Hitler, Toronto 1964.
Blumen für Hitler. Gedichte und Lieder 1956-1970 (englisch/deutsch; aus dem Amerikanischen von Anna von Cramer-Klett und Anja Hauptmann), Frankfurt 1971.
Beautiful Losers, Toronto 1966.
Schöne Verlierer (aus dem Amerikanischen von Elisabeth Hannover-Drück), Frankfurt 1970.
Parasites Of Heaven, Toronto/Montreal 1966.
Parasiten des Himmels: Gedichte aus 10 Jahren (englisch/deutsch; aus dem Amerikanischen von Carl Weissner), Frankfurt 1976.
Selected Poems 1956-1968, Toronto/Montreal 1968.
The Energy Of Slaves, Toronto 1972.
Die Energie von Sklaven (englisch/deutsch; aus dem Amerikanischen von Harry Rowohlt), Frankfurt 1975.

Death Of A Lady's Man, Toronto/Montreal 1978.

Letzte Prüfung – Death Of A Lady's Man (englisch/deutsch; aus dem Amerikanischen von Rudolf Hermstein), Frankfurt 1982.

Leonard Cohen – Romane, Gedichte, Lieder, Frankfurt 1980.

Book Of Mercy, Toronto/Montreal 1984.

Wem sonst als Dir – Book Of Mercy (englisch/deutsch; aus dem Amerikanischen von Regina Lindhoff und Uve Schmidt), Herbstein 1985.

Stranger Music: Selected Poems And Songs, London 1993.

Dance Me To The End Of Love (mit 21 Gemälden von Henri Matisse), New York 1995.

God Is Alive: Magic Is Afoot (Auszug aus *Beautiful Losers*; mit Illustrationen von Sarah Perkins und Ian Jackson), London 2000.

Weitere Musikbücher im
PALMYRA VERLAG

Miles (Hg.)
Frank Zappa – In eigenen Worten
Vorwort von Václav Havel
Aus dem Amerikanischen von Kathrin Razum
144 Seiten · 16 Schwarzweißfotos · 13,5 x 21 cm · Gebunden
€ 14,90 (D) · € 15,40 (A) · SFr 27,10 · ISBN 3-930378-08-6
»*Das Buch ist eine Offenbarung!*«/*Norddeutscher Rundfunk*

Michael Heatley (Hg.)
Neil Young – In eigenen Worten
Aus dem Amerikanischen von Torsten Waack
146 Seiten · 16 Schwarzweißfotos · 13,5 x 21 cm · Gebunden
€ 14,90 (D) · € 15,40 (A) · SFr 27,10 · ISBN 3-930378-14-0
»*Das Buch präsentiert den Künstler offen und ehrlich. Daß es sorgfältig editiert ist und über eine ausführliche Diskographie und viele Fotos verfügt, gehört beim Palmyra Verlag zum gewohnten Standard.*«/*Saarländischer Rundfunk*

David Dalton/Mick Farren (Hg.)
The Rolling Stones – In eigenen Worten
Aus dem Englischen von Torsten Waack
2. Auflage · 260 Seiten · 22 Schwarzweißfotos · 13,5 x 21 cm
Gebunden · € 17,90 (D) · € 18,40 (A) · SFr 32,50
ISBN 3-930378-04-3
Erstmals kommen in einer einzigen Veröffentlichung alle Stones-Mitglieder zu Wort.
»*Ein Werk, das anders ist als all die anderen.*«/*Abendzeitung (München)*

Miles (Hg.)
John Lennon – In eigenen Worten
Aus dem Englischen von Kathrin Razum
140 Seiten · 16 Schwarzweißfotos · 13,5 x 21 cm · Gebunden
€ 14,90 (D) · € 15,40 (A) · SFr 27,10 · ISBN 3-930378-10-8

»*Ein spannendes Selbstportrait und unbedingtes Muß für jeden Lennon- und Beatlesfan.*«/*Musikwoche*

John Duffy (Hg.)
Bruce Springsteen – In eigenen Worten
Vorwort von Wolfgang Niedecken
Aus dem Amerikanischen von Sylke Wintzer und Peter Dürr
152 Seiten · 16 Schwarzweißfotos · 13,5 x 21 cm · Gebunden
€ 14,90 (D) · € 15,40 (A) · SFr 27,10 · ISBN 3-930378-27-2
»*Das Buch hält, was der Titel verspricht. Wirklich empfehlenswert.*«/*Musix – Das Konzertmagazin*
»*Ein abgerundetes Portrait über Springsteens Leben und seine Musik.*«/*Informationsdienst der Einkaufszentrale für öffentliche Bibliotheken*

Pearce Marchbank/Mick Farren (Hg.)
Elvis Presley – In eigenen Worten
Vorwort von The King
Aus dem Amerikanischen von Ursula Damm
144 Seiten · 90 Schwarzweißfotos · 13,5 x 21 cm · Gebunden
€ 17,90 (D) · € 18,40 (A) · SFr 32,50 · ISBN 3-930378-32-9
»*Gemessen an heutigen Superstars hat Elvis viel mehr gesungen als geredet – das macht seine wenigen Worte in diesem Buch so wertvoll.*«/*SWR Fernsehen (Nachtkultur)*
»*Was Sie schon immer über den Jahrhundertstar wissen wollten, erfahren Sie in diesem Buch.*«/*Wieland Backes (SWR Fernsehen)*

Ian McCann (Hg.)
Bob Marley – In eigenen Worten
Vorwort von Max Herre
Aus dem Englischen von Ursula Damm
128 Seiten · 16 Schwarzweißfotos · 13,5 x 21 cm · Gebunden
€ 14,90 (D) · € 15,40 (A) · SFr 27,10 · ISBN 3-930378-29-9
»*Für Fans der Reggae-Ikone ist das Buch mit größter Sicherheit ein Volltreffer.*« /*Musikexpress/Sounds*
»*Die lockere Sammlung von Zitaten ist ein unanstrengender Weg, Marleys Weltsicht kennenzulernen.*«/*WOM Journal*

Susan Black (Hg.)
Bono und U2 – In eigenen Worten
Aus dem Englischen von Ursula Damm
192 Seiten · 20 Schwarzweißfotos · 13,5 x 21 cm · Gebunden
€ 17,90 (D) · € 18,40 (A) · SFr 32,50· ISBN 3-930378-33-7
»*Als Lesestoff und erst recht natürlich als Fundgrube für den fortgeschrittenen Fan darf diese Zitatensammlung gern als unverzichtbar gelten.*«/*Musikexpress/Sounds*
»*Das Buch ist eine Fundgrube, akribisch zusammengestellt und authentisch.*«/*Leipziger Volkszeitung*

Andrew Doe/John Tobler (Hg.)
The Doors – In eigenen Worten
Vorwort von Heinz Rudolf Kunze
Aus dem Amerikanischen von Clemens Brunn
136 Seiten · 20 Schwarzweißfotos · 13,5 x 21 cm · Gebunden
€ 17,90 (D) · € 18,40 (A) · SFr 32,50 · ISBN 3-930378-35-3
»*Dieses Buch bietet dem Fan alles, was er über die Band wissen möchte – ein komplettes Bild der Doors.*«/*Radio Freiburg*

Peter Hogan (Hg.)
R.E.M. – In eigenen Worten
Aus dem Amerikanischen von Sylke Wintzer
128 Seiten · 16 Schwarzweißfotos · 13,5 x 21 cm · Gebunden
€ 14,90 (D) · € 15,40 (A) · SFr 27,10 · ISBN 3-930378-17-5
»*Der Palmyra Verlag hat auch bei der Fotoauswahl ein hervorragendes Händchen bewiesen.*«/*Rockzentrale Franken*

Nick Wise (Hg.)
Nirvana · Kurt Cobain · Courtney Love – In eigenen Worten
Aus dem Amerikanischen von Kathrin Razum
140 Seiten · 16 Schwarzweißfotos · 13,5 x 21 cm · Gebunden
€ 14,90 (D) · € 15,40 (A) · SFr 27,10 · ISBN 3-930378-12-4
»*Wises Buch zerrt die bittere Wahrheit hinter Nirvanas Erfolgsstory ans Licht.*«/*Westdeutsche Allgemeine*

Mick St. Michael (Hg.)
Madonna – In eigenen Worten
Vorwort von Sabrina Setlur
Aus dem Amerikanischen von Clemens Brunn
140 Seiten · 16 Schwarzweißfotos · 13,5 x 21 cm · Gebunden
€ 17,90 (D) · € 18,40 (A) · SFr 32,50 · ISBN 3-930378-37-X
»*Die Auswahl der diversen Zitate ist clever und zeigt die Facetten des Superstars.*«/*Oldie-Markt*

Christian Williams (Hg.)
Bob Dylan – In eigenen Worten
Vorwort von Bono
Aus dem Amerikanischen von Clemens Brunn
170 Seiten · 24 Schwarzweißfotos · 13,5 x 21 cm · Gebunden
€ 17,90 (D) · € 18,40 (A) · SFr 32,50 · ISBN 3-930378-34-5
»*Ein höchst anregendes Mosaik aus Dylans Selbstaussagen von den sechziger Jahren bis heute.*«/*Die Woche*
»*Ein ausgezeichnetes Buch über Bob Dylan.*«/*SWR Fernsehen*

Paul Williams
Like A Rolling Stone – Die Musik von Bob Dylan, 1960-1973
Aus dem Amerikanischen von Kathrin Razum
472 Seiten · 16 Schwarzweißfotos · 13,5 x 21 cm · Gebunden
€ 24,90 (D) · € 25,60 (A) · SFr 44,50 · ISBN 3-930378-01-9
»*Das definitive Buch über Dylans Kunst.*«/*Siegfried Schmidt-Joos (Sender Freies Berlin)*

Paul Williams
Forever Young – Die Musik von Bob Dylan, 1974-1986
Vorwort von Günter Amendt
Aus dem Amerikanischen von Kathrin Razum
520 Seiten · 16 Schwarzweißfotos · 13,5 x 21 cm · Gebunden
€ 28,- (D) · € 28,80 (A) · SFr 49,80 · ISBN 3-930378-05-1
»*Faszinierend und unverzichtbar.*«/*Rolling Stone (Deutsche Ausgabe)*

Georg Stein
Bob Dylan – Temples In Flames
Vorwort von Wolfgang Niedecken
Text von Martin Schäfer
96 Seiten · 70 Farb- und Schwarzweißfotos · 24 x 22 cm
Gebunden · Kunstdruckpapier
€ 12,- (D) · € 12,40 (A) · SFr 22,- · ISBN 3-9802298-0-7
»*Stein sind zweifellos Fotos von ganz besonderer Aussagekraft gelungen.*«/*tip (Berlin)*

Bob Seymore
THE END – Der Tod von Jim Morrison
Aus dem Englischen von Kathrin Razum
2. Auflage · 166 Seiten · 16 Schwarzweißfotos · 13,5 x 21 cm
Gebunden · € 14,90 (D) · € 15,40 (A) · SFr 27,10
ISBN 3-9802298-7-4
THE END beschreibt erstmals seriös und umfassend die Hintergründe von Jim Morrisons Tod.
»*Spannend wie ein Krimi.*«/*dpa*

Jethro Tull Songbook
3. Auflage · 592 Seiten · 17 Schwarzweißfotos · 17 x 24 cm
Gebunden · € 29,90 (D) · € 30,80 (A) · SFr 53,-
ISBN 3-9802298-5-8
Das Buch enthält die kompletten autorisierten Songtexte (englisch-deutsch), persönliche Kommentare von Ian Anderson und bislang unveröffentlichte Fotos. Das Songbook ist auch in einer rein englischen Ausgabe erhältlich.
»*Ein Prachtband in einer guten deutschen Übersetzung.*«/*Berliner Morgenpost*

B.B. King mit David Ritz
Ein Leben mit dem Blues – Die Autobiographie
Vorwort von Udo Wolff
Aus dem Amerikanischen von Sylke Wintzer
380 Seiten · 17 Schwarzweißfotos · 13,5 x 21 cm · Gebunden
€ 24,90 (D) · € 25,60 (A) · SFr 44,50 · ISBN 3-930378-19-1
»*Das Buch überzeugt in jeder Hinsicht.*«/*Musikwoche*
»*Ein wirklich tolles Buch!*«/*Jazz Radio Berlin*

Johnny Cash mit Patrick Carr
Cash – Die Autobiographie
Vorwort von Kris Kristofferson
Aus dem Amerikanischen von Sylke Wintzer und Peter Dürr
390 Seiten · 19 Schwarzweißfotos · 13,5 x 21 cm · Gebunden
€ 24,90 (D) · € 25,60 (A) · SFr 44,50 · ISBN 3-930378-23-X
»Der große Johnny Cash erzählt die Geschichte seiner sieben Leben; ein Buch, das man nicht mehr aus der Hand legen mag: ehrlich, kraftvoll, weise.«/Musikexpress/Sounds
»Johnny Cash ist die berühmteste Stimme Amerikas.«/Frankfurter Rundschau

Nick Johnstone
Patti Smith – Die Biographie
Vorwort von Inga Rumpf
Aus dem Englischen von Michael Schiffmann
296 Seiten · 31 Schwarzweißfotos · 13,5 x 21 cm · Gebunden
€ 24,90 (D) · € 25,60 (A) · SFr 44,50 · ISBN 3-930378-26-4
»Johnstone erreicht bisweilen eine analytische Schärfe, die an Paul Williams' Werke über Bob Dylan gemahnt.«/Musikexpress/Sounds
»Kenntnisreich berichtet Johnstone und breitet bewandert viel Musikgeschichtliches aus.«/Frankfurter Allgemeine Zeitung

Maya Roy
Buena Vista – Die Musik Kubas
Vorwort von Compay Segundo
Aus dem Französischen von Maximilien Vogel
Gratis-CD · Glossar · 256 Seiten · 26 Farb- und Schwarzweißfotos · 13,5 x 21 cm · Gebunden · € 22,- (D) · € 22,70 (A)
SFr 39,50 · ISBN 3-930378-30-2
»Ein wahres Standardwerk zum Thema.«/Musikexpress/Sounds
»Ein äußerst kenntnisreiches und detailversessenes Buch, das nichts zu wünschen übrig läßt.«/Radio Bremen

Bernard Leblon
Flamenco
Vorwort von Paco de Lucía
Aus dem Französischen von Maximilien Vogel
Gratis-CD · Glossar · Register · Serviceteil · 212 Seiten
35 Schwarzweißfotos · 13,5 x 21 cm · Gebunden
€ 22,- (D) · € 22,70 (A) · SFr 39,50 · ISBN 3-930378-36-1
»*Auf dieses umfassende Buch hat die deutsche Flamencowelt lange gewartet – ein Standardwerk.*«/¡*Anda! – Zeitschrift für Flamenco*
»*Seit Jahr und Tag ist kein so vorzügliches, gründliches, umfassendes und locker geschriebenes Buch über den Flamenco erschienen.*«/ *Informationsdienst der Einkaufszentrale für öffentliche Bibliotheken*

Michel Plisson
Tango
Vorwort von Horacio Ferrer
Aus dem Französischen von Konstanze Fischer
Gratis-CD · Glossar · Register · Serviceteil · 192 Seiten
21 Schwarzweißfotos · 13,5 x 21 cm · Gebunden
€ 22,- (D) · € 22,70 (A) · SFr 39,50 · ISBN 3-930378-42-6
Eine der fundiertesten Gesamtdarstellungen des Tango in deutscher Sprache.
»*Der Leser findet in dem Buch einen verläßlichen Leitfaden zu Geschichte, Epochen, Stilrichtungen, Schulen und Techniken, und dies alles wird ihm verständlich machen, warum der Tango vor allem anderen die Reaktion einer Gemeinschaft auf die Rätsel der menschlichen Existenz ist.*«/*Aus dem Vorwort von Horacio Ferrer*

Frédéric Lagrange
Al-Tarab – Die Musik Ägyptens
Vorwort von Rabih Abou-Khalil
Aus dem Französischen von Maximilien Vogel
Gratis-CD · Glossar · Register · 192 Seiten · 26 Schwarzweißfotos
13,5 x 21 cm · Gebunden · € 22,- (D) · € 22,70 (A) · SFr 39,50
ISBN 3-930378-31-0
»*Für Freunde der ägyptischen Musik ist das Buch wichtig.*«/*die tageszeitung (taz)*
»*Eine umfassende und lesenswerte Darstellung der ägyptischen Musik bis heute.*«/*Blue Rhythm*

Monique Brandily
Kora Kosi – Die Musik Afrikas
Aus dem Französischen von Maximilien Vogel
Gratis-CD · Glossar · Register · Serviceteil · 170 Seiten
22 Schwarzweißfotos · 13,5 x 21 cm · Gebunden
€ 22,- (D) · € 22,70 (A) · SFr 39,50 · ISBN 3-930378-39-6
»*Die erste umfassende Gesamtdarstellung über die Musik Afrikas in deutscher Sprache – ein Standardwerk.*«/Westdeutsche Allgemeine
»*Das Buch müßte eigentlich ein kleiner Bestseller werden.*«/Neue Musikzeitung

Jörg-Peter Klotz (Hg.)
Wolfgang Niedecken und BAP – In eigenen Worten
Vorwort von Dietmar Schönherr
240 Seiten · 23 Schwarzweißfotos · 13,5 x 21 cm · Gebunden
€ 17,90 (D) · € 18,40 (A) · SFr 32,50 · ISBN 3-930378-24-8
»*Das Buch enthält eine hohe Dosis ungeschminkter Selbstkritik und unbequeme Wahrheiten.*«/Mannheimer Morgen

Arno Köster (Hg.)
Udo Lindenberg – In eigenen Worten
Vorwort von Nina Hagen und Fritz Rau
132 Seiten · 16 Schwarzweißfotos · 13,5 x 21 cm · Gebunden
€ 14,90 (D) · € 15,40 (A) · SFr 27,10 · ISBN 3-930378-20-5
»*Ein interessantes Büchlein!*«/Jürgen von der Lippe in der Sendung »Geld oder Liebe«

Konstantin Wecker
Schon Schweigen ist Betrug – Die kompletten Liedtexte
Vorwort von Dieter Hildebrandt
414 Seiten · 18 Schwarzweißfotos · 13,5 x 21 cm · Gebunden
€ 24,90 (D) · € 25,60 (A) · SFr 44,50 · ISBN 3-930378-00-0
»*Dem Verlag sei Dank sind erstmals alle Liedtexte in einem Buch versammelt.*«/BuchJournal

Neun Jahre Stille, zehn neue Lieder, unendliche Musik...

LEONARD COHEN
TEN NEW SONGS

„Abgrundtief schön ist die Stimme im dritten Akt des Lebens: Leonard Cohen"(DIE ZEIT)

„Auf TEN NEW SONGS (...) hat der große Melancholiker der Popmusik wieder einmal all seinen Weltschmerz gebündelt."(STERN)

www.sonymusic.de   www.leoanardcohen.com   COLUMBIA